JN042059

別冊
問題

大学入学

共通テスト
英語
リーディング
実戦対策問題集

改訂版

旺文社

大学入学

共通テスト英語

リーディング

実戦対策問題集

別冊問題

水野 卓 著

改訂版

旺文社

も　く　じ

▶▶ 大問別問題

第1問

A　　1st Try ……………　4　　　2nd Try ……………　6
B　　1st Try ……………　8　　　2nd Try ……………10

第2問

A　　1st Try ……………12　　　2nd Try ……………14
B　　1st Try ……………16　　　2nd Try ……………18

第3問

A　　1st Try ……………20　　　2nd Try ……………22
B　　1st Try ……………24　　　2nd Try ……………26

第4問

　　　1st Try ……………28　　　2nd Try ……………32

第5問

　　　1st Try ……………36　　　2nd Try ……………40

第6問

A　　1st Try ……………44　　　2nd Try ……………48
B　　1st Try ……………52　　　2nd Try ……………58

新課程入試型

第A問 ………………………64
第B問 ………………………70

▶▶ 模試にチャレンジ

第1問～第6問 ………………………………………………………73

「模試にチャレンジ」は本書オリジナルの問題構成となります。

模試にチャレンジ 解答用紙 ………………………………………巻末

1st

▶▶ 解答 本冊 P.10

A You are studying in the US, and as a field trip activity you need to choose one of two performances to go and see. Your teacher emails you this attachment.

Performances for Saturday

Castle Theater *Family Tides*	Plemy Music Hall *Here, there, or where?*
Praised by critics A stage drama that will make you think deeply about your parents ★The performance starts at 6:00 p.m. (short break at 8:00 p.m.) ★Opportunity to meet the author of the drama at a 9:30 p.m. reception ★Please turn off cellphones during the performance	5/5-star audience rating A wild comedy that will keep you laughing ★Starts at 7:00 p.m. ★Drinks and snacks served free in the upstairs ballroom before the performance ★No infants or small children, please

Instructions: Which event would you like to attend? Fill out the information below and email it back to your teacher.

Select one: ( ) *Family Tides*   ( ) *Here, there, or where?*

Name: _____

Email address: _____

☐ Click here to print this document.
Your ticket will be paid for by the school.

問 1　What are you supposed to do after reading the attachment?　1

　① Explain your choice to a teacher and pay online.
　② Fill in the requested information and reply.
　③ Find out the ticket prices and update your form.
　④ Make your selection and then print it out.

問 2　What is true about both performances?　2

　① Cellphones of guests must be set to silent.
　② Ratings of the shows have been high.
　③ Short audience breaks are provided every other hour.
　④ Young children are not allowed to attend the event.

2nd

▶▶ 解答 本冊 P.13

A You are a member of the Chess Club. The club meets every Saturday at 2 p.m., usually at the University Center. You have received an email from Jeff, the President of the club.

Dear members of the Chess Club,

I've heard that the University Center will be closed for maintenance this weekend. So, this Saturday, the club will meet at Café Mozart instead of the University Center. Also, we are going to need a few volunteers to carry the chess sets from the University Center to Café Mozart before the meeting starts. If you can help out, please meet me at the club's locker at around 1:30 p.m. I will be there with the key.

Café Mozart is a nice place, and their coffee is excellent. So, bring your friends. Let them know the first cup of coffee is on us!

Cheers,
Jeff

問1 Jeff wants to tell you 1 .

 ① how much it will cost to attend the next club meeting
 ② what you need to bring for the next club meeting
 ③ when the next club meeting will be
 ④ where the next club meeting will be

問2 Jeff is also seeking help from 2 to carry chess sets from the University Center to Café Mozart.

 ① a couple of the Chess Club members
 ② a few of the Chess Club members and their friends
 ③ all the members of the University Center
 ④ the staff of Café Mozart

B You visited your city's English website and found an interesting notice.

> ### VOLUNTEER OPPORTUNITIES:
> ### INTERNATIONAL KIDS SUMMER SPORTS CAMP
>
> #### About the camp:
> The city will provide a variety of opportunities for kids to play sports this summer, and one of them is the International Kids Summer Sports Camp. In this program, boys and girls from many different countries will get together and practice and play sports. A child under 10 can be accompanied by his or her parent. The sports to be taught are basketball, soccer, judo, and swimming.
>
> #### We need volunteers!
> We are now looking for student volunteers for this event. Instructions will be given both in English and Japanese. We will have an English-Japanese bilingual coach for each sport, so your main job will be to play sports with kids. If you have experience in one or more of these sports, you are welcome to apply for this position.
>
> #### The camp schedule:
>
> | August 1 | Basketball | City Gym | 9 a.m. - 12 p.m. |
> |---|---|---|---|
> | August 2 | Soccer | Daiichi Field* | 9 a.m. - 12 p.m. |
> | August 3 | Judo** | City Gym | 3 p.m. - 6 p.m. |
> | August 4 | Swimming | City Swimming Pool* | 3 p.m. - 6 p.m. |
>
> * If it rains, the location will be moved to the City Gym.
> ** Please bring your Judogi (Judo Clothes).
>
> ---
>
> To apply, click **here** before 5 p.m. on June 30.
> ▲To learn more, www.xxx.yyy-city.gov/events/intl-summer-camp/

問 1 　The purpose of this notice is to find □ 3 □.

    ① bilingual coaches for each sport
    ② participants for the sports camp
    ③ people who can give instructions in English
    ④ students who can help with sports

問 2 　In this event □ 4 □.

    ① children from many countries participate every year
    ② children older than 10 years old cannot join
    ③ coaches from many different countries will instruct boys and girls
    ④ instructions for four different sports will be given

問 3 　You can learn from the schedule that □ 5 □.

    ① all sports are planned to be held in the same location
    ② all sports may be played indoors
    ③ some sports are going to be played on the same day
    ④ some sports events are going to start at night

2nd

B   You visited your city's English website and found an interesting notice.

SUMMER OPEN COLLEGE COURSE:
"FRENCH FOR BEGINNERS, TAUGHT IN ENGLISH"
the city's life-long learning program — also open to high school students

COURSE:	Beginner Level French
DATE:	July 18 – August 29 (Thursdays 6:30 p.m. - 8:00 p.m.)
PLACE:	The City University, Aoki Memorial Hall, Room 205

This course is for beginners, and every French word in the textbook has an English translation. So no prior French knowledge is required, but please note that the course is taught in English. The instructor for this course, Dr. Céline Bonnet, has 20 years of experience in teaching French in U.S. high schools — she has also taught many immigrant students whose English skills were limited. To participate in this course, you are expected to have basic-level English skills, which people typically learn in junior high school in Japan.

Course Schedule:

Lesson 1:	Introduction to the course, greetings, self-introduction, etc.
Lesson 2:	Asking questions
Lesson 3:	Everyday events and information
Lesson 4:	Shops and restaurants
Lesson 5:	Expressing feelings
Lesson 6:	Viewing French movies
Lesson 7:	Review quiz

＊Course Fee ¥10,000 (The materials fee of ¥2,000 is included.)
＊Lesson 4 will be given at Citron, a café on the 1st floor of the same building. A Snack Fee (¥500) will be collected on the day.

For more information, please see the online catalog.

問1　The purpose of this notice is to find people who ☐3☐.

① have some knowledge of English and want to study another
language
② have the experience of living in France and teaching English
③ want to improve their grades in English classes in high school
④ want to teach French to native English speakers in Japan

問2　In this course ☐4☐.

① people from France will be assisting the students
② students will be taught by a former college professor from the
U.S.
③ students will not use any course materials
④ the instructor may not have much difficulty teaching Japanese
people

問3　The students are going to ☐5☐.

① pay a total of 12,000 yen for this course
② pay some money other than the course fee
③ solve many French grammar problems in this course
④ take every lesson in Room 205 during the course period

1st

▶ 解答 本冊 P.23

A You are getting ready to start college. You have moved into a one-bedroom apartment near the campus and now need to buy a refrigerator. Today on a website, you found one that looks good.

OBN FRDG-2S 140 Liter Double Door Refrigerator
$199.99   by Obun Electric Company
★★★★☆ 164 Customer reviews
Our Best Seller in Refrigerators!
Perfect for college students!

This refrigerator is built to hold a variety of items — from 2-liter bottles and soda cans, to items that need to stay frozen. The compact body and four different choices of color make it perfect for any small apartment or office.

Features --

Size – Compact	**Energy efficiency:**
Type – Double door	Estimated Operating Cost
Color – White / Silver / Black / Red	Summer : $8 per month
Door-pocket storage for 2-liter bottles	Spring / Fall : $4 per month
Good-sized Freezer	Winter : $3 per month

Customer Ratings and Reviews:

101_Blue_Devil ★★★★☆

I'm a college student and I live in a dormitory on campus. My previous fridge broke after only one year of use, so I bought this one. It is really cold, it holds a lot of drinks and ice cream, and it runs very quietly. So far, I like it a lot. If it lasts until I graduate, I will give it five stars then!

Ex_Longhorn_07 ★★★★★

The cool design with a black exterior makes it fit perfectly in my room. It is a small fridge, yet holds everything I need. If you don't cook regularly at home, this is all you need!

問1 According to the website, which is true about the refrigerator? ☐ 6 ☐

① It costs more to operate in the winter.
② It does not feature a freezer.
③ It has an area for bottles.
④ It only comes in black.

問2 If this refrigerator is used in a city with a climate that changes throughout four seasons, the expected energy cost over a year would be ☐ 7 ☐.

① about $20　　② about $45
③ about $50　　④ about $60

問3 One of the customers, 101_Blue_Devil, did not give this refrigerator five stars because ☐ 8 ☐.

① it has already broken
② it makes a lot of noise
③ she is not sure if it will last long
④ she thinks it is just OK

問4 According to the website, one **fact** about this refrigerator is that ☐ 9 ☐.

① it can chill 3-liter bottles
② it is ideal for male students
③ it is the company's best-selling refrigerator
④ it is very quiet

問5 According to the website, one **opinion** about this refrigerator is that ☐ 10 ☐.

① it has a good design
② it is suitable for office use rather than home use
③ one user has given it four stars
④ you can choose one with a black exterior

2nd

▶▶ 解答 本冊 P.28

A You are on vacation abroad and are interested in taking a local guided tour. On a website, you found one that looks good.

Snorkel with dolphins: a single-day guided tour (small group)
$100.00

In this tour, you will swim with dolphins in the tropical ocean with an expert guide. This is one of our most popular tours, and we are sure you will love it!

Included: ☑ Snorkeling set ☑ Bilingual expert guide (English / Spanish)
☑ Free hotel pickup ☑ Lunch (add $20 to upgrade to premium)
☑ Drinks (soft drinks and water)

Notes:

Minimum age: 8

Minimum number of participants: 3

Maximum number of participants: 10

Environmental tax: $10 (not included in the price of the tour.)

Tip: 10 percent of the final price of the tour

If the tour is canceled due to bad weather or lack of participants, you'll be offered a different date or a full refund.

68 Customer Reviews

Love_Traveling_86   August 2019

It was one of the most exciting experiences I have ever had! The ocean was beautiful, the guide was wonderful, and the lunch was gorgeous! (I paid an extra $20 for an upgrade.) The boat ride was a little bit rough, but the seasickness medicine they gave me was very effective.

Morita_Family_HelloWorld   July 2019

The clear water was awesome, and we were able to see not only dolphins but whale sharks and manta rays as well. The lunch was just OK, but everything else was more than perfect! My wife and I had a great time, and our kids enjoyed it even more. I cannot recommend this tour highly enough.

問 1　According to the website, which is true about the tour?　<u>6</u>

   ① Children can also participate in the tour.
   ② It is only aimed at people with a lot of diving experience.
   ③ The number of participants is limited to three.
   ④ The tour will continue even if the weather is bad.

問 2　In the case that the customers request a better lunch, the total cost of this tour for one person will be　<u>7</u>.

   ① $100   ② $122   ③ $132   ④ $142

問 3　One of the benefits of the tour is that　<u>8</u>.

   ① guidance in Asian languages is guaranteed
   ② lunch is served at an extra cost
   ③ participants can rent private boats
   ④ the tour office staff will pick you up at your hotel

問 4　On the website, one **fact** about this tour is that　<u>9</u>.

   ① a family with children will enjoy it very much
   ② a previous participant got seasick and took medicine
   ③ it is offered only to people who speak English
   ④ you should take your friends to enjoy it more

問 5　On the website, one **opinion** about this tour is that　<u>10</u>.

   ① it will be canceled if there are not enough participants
   ② people will surely love this tour
   ③ this tour isn't recommended for everyone
   ④ you can always see whale sharks and manta rays

B Your English teacher gave you an article to help you prepare for the debate in the next class. A part of this article with one of the comments is shown below.

Japan to Go Cashless

By George Powers, Tokyo
2 JULY 2019 11:31AM

The Japanese government released its "Cashless Vision" in April 2018 to promote cashless payment systems. The ratio of cashless payment usage is now about 20 percent in Japan, and the government is trying to increase the ratio to 40 percent by 2025, when the World Expo is held in Osaka.

The report states that cashless payment systems will reduce the amount of work at stores and restaurants, and thus can help to solve the problem of labor shortages. Also, using digital money instead of cash will help the government collect taxes more efficiently. Moreover, cashless payment systems are considered safer and borderless (tourists from other countries can make payments easily).

However, there are problems and concerns, too. A financial technology engineer says, "You will have virtually no privacy in a cashless society. The systems record what you buy, and when and where. And the data recorded will be shared with banks, credit card companies, and possibly with the government. That is spooky." Also, though digital money is generally considered safer, this is only true when there is a stable power supply, which means a natural disaster, for example, can instantly throw a large number of people into financial chaos.

---

61 Comments

Newest

Megumi Yamamura   2 JULY 2019 8:31PM

Cashless payment systems are only good for large companies and the government. I run a small restaurant in a suburb of Tokyo and now accept various cashless payment options. Unfortunately, all it does is make me pay a fee to a credit card company every time a cashless payment is made!

16

問1 According to the article, the Japanese government is trying to [11].

① decrease the usage of cashless payment methods to 40 percent by 2025
② develop new cashless technology before the World Expo
③ double the ratio of cashless payment usage by 2025
④ increase the ratio of cashless payment usage by 40 percent before the World Expo

問2 Your team will support the debate topic, "Japan should become a cashless society." In this article, one **opinion** helpful for your team is that [12].

① cashless systems may contribute to solving the problem of the shortage of workers
② depending on cashless systems is not necessarily safer than using cash
③ the government is unable to collect taxes effectively without cashless systems
④ users can save some money by using cashless payment methods

問3 The other team will oppose the debate topic. In this article, one **opinion** helpful for that team is that [13].

① it is better to develop new technology for digital payments
② it is possible to build cashless systems which can resist power failures
③ only tourists can benefit from a cashless society
④ privacy may not be protected in a cashless society

問4 In the 3rd paragraph of the article, "That is spooky" means that the situation [14].

① is comfortable for him　　② is unfavorable for rich people
③ makes him feel secure　　④ makes him feel uneasy

問5 According to her comment, Megumi Yamamura [15] the government promoting cashless payment systems.

① has no particular opinion about　　② partly agrees with
③ strongly agrees with　　④ strongly disagrees with

2nd

▶▶ 解答 本冊 P.37

B You are a member of the student council. The members have been discussing a project to help students improve their social skills. To get ideas, you are reading a report about a school challenge. It was written by an exchange student who studied in another school in Japan.

Live Talk Challenge

Most students communicate with each other mainly by text or email. But some social scientists say this is causing young people to lose their speaking skills and ability to make friends. I began to feel that if students spoke more in person or at least over the phone, they could improve both their speaking and social skills. We launched this challenge for that reason. Participating students had to complete an online spreadsheet daily. They had to list how many minutes they spent talking (in person or by phone) per day. A total of 200 students participated over the March 19-March 21 period. Among those who indicated their grade: about one-third of the students were seniors, one-fourth were first-year students, and about one-fourth were juniors. Why did so many seniors participate? The answer seems to be below.

Feedback from participants

ST: Because of this program, I gained a lot more confidence in my ability to speak to people — even strangers! It was also easy to input my data into the online form.

KR: I knew several other classmates who wanted to improve their speaking skills. However, they did not join the challenge because they were too shy. The program must reach out to students like these.

MO: I think a lot of seniors like me have already lost so many social skills. Therefore, we really need to participate in this kind of challenge.

RF: I actually enjoy meeting people face-to-face. So, I loved this program! It has made me find more pleasure in communicating.

JL: As a freshwoman, I hope that future programs can give us advice on how to gain the confidence to speak.

問 1 The aim of the Live Talk Challenge was to help students to ☐ 11 ☐.

  ① recognize those who speak the most
  ② speak more often than before
  ③ stop wasting time talking in meetings
  ④ teach others how to speak well

問 2 One **fact** about the Live Talk Challenge is that ☐ 12 ☐.

  ① fewer than a third of participants were first-year students
  ② it was held for a few months during the year
  ③ many students dropped out by the end of the program
  ④ much more than a fourth of participants were juniors

問 3 From the feedback, ☐ 13 ☐ were effects reported by participants.

A: acting politely toward strangers
B: becoming actively involved in talking
C: feeling much more confident
D: meeting in person after school

  ① A and B   ② A and C
  ③ A and D   ④ B and C
  ⑤ B and D   ⑥ C and D

問 4 One of the participants' opinions about the Live Talk Challenge is that ☐ 14 ☐.

  ① it should have connected with more students
  ② so many people spent too much time talking
  ③ social skills need more time to improve
  ④ the results of the challenge were unclear

問 5 The author's question is answered by ☐ 15 ☐.

  ① JL   ② KR   ③ MO   ④ RF   ⑤ ST

1st

▶▶ 解答 本冊 P.42

A You found the following article in a blog written by a Japanese foreign exchange student who goes to college in the US.

Japanese Food — American Style

Sunday, September 15

It has been three weeks since I arrived in the United States.

Today, I would like to write about the Japanese food I came across on campus.

Chicken Teriyaki

Teriyaki is a common cooking method in Japan, but I never expected to hear the word "teriyaki" in an ordinary university cafeteria in America. So, when I heard someone ordering chicken teriyaki, I was surprised and decided to order one for myself. It turned out the dish was indeed chicken teriyaki but was cooked in a different way. They first grilled the chicken, then put what they call "a teriyaki sauce" on top. Some Japanese people might refuse to call it teriyaki, but it tasted pretty good. I later learned that "teriyaki" is now quite popular in the United States.

Instant Ramen Noodles

You can find instant ramen noodles in most supermarkets here, and they are popular in my dormitory as a late-night snack. But again, they are prepared differently.

Some Americans prefer "real" Japanese food. In fact, quite a few Americans know what true Japanese food is. But, many people seem to find "the American way" practical and are happy with the resulting dishes. I truly respect that.

問 1　At this university's cafeteria, ☐16☐.

  ① a special sauce was used to make chicken teriyaki
  ② instant ramen noodles are served for dinner
  ③ real Japanese food is preferred
  ④ some Japanese students refused to eat the chicken teriyaki

問 2　You learned from this blog that ☐17☐.

  ① most Americans are not satisfied with "Americanized" Japanese food
  ② the students in the dormitory eat instant ramen noodles without soup
  ③ the writer of this blog came to the United States three months ago
  ④ the writer of this blog did not enjoy the chicken teriyaki at the cafeteria

2nd

해 答 本冊 P.45

A You are studying at Stintok University, Chicago. You are about to start your second semester and are reading the university newspaper's advice column to prepare.

Trying to improve your class notes? Read this!

Hi, I'm Megan. I want to share my experience with improving my note-taking skills using Cornell Notes. Note-taking is very important in making sure that you fully understand the contents of a class or textbook. I have been successfully using the Cornell Notes method over the last semester. This method offers a clear structure for organizing coursework or textbook content. If done correctly, it is a great tool to help you memorize information and do better on tests, homework, and in class.

Cornell Notes involves dividing your notebook page into four sections: a thin rectangle at the top for the title and date, a thin "cue column" rectangle on the left part of the page for writing down main points, a large "note-taking" rectangle on the right part of the page for main point details, and a thin "summaries" rectangle at the page bottom for general concepts, questions, or key words. Use a pencil, since you may often have to erase and change items.

During the lecture or while reading a textbook, I enter information into the proper notebook section. To self-quiz, I just cover up the details and summaries sections and then look at the main points. If I can remember everything well, I have mastered the material. I hope that this method helps you to improve your note-taking skills and do well in your classes.

問1 If you take Megan's advice, how should you divide your notebook page? ☐16☐

① Title _____ Date ____
Note-taking Area | Cue Column
Summaries

② Title _____ Date ____
Cue Column | Note-taking Area
Summaries

③ Title _____ Date ____
Cue Column | Note-taking Area
Summaries

④ Title _____ Date ____
Note-taking Area | Cue Column
Summaries

問2 According to Megan, the best way to self-quiz is ☐17☐.

① blocking some page parts and recalling details
② closing your notebook and remembering information
③ memorizing main points from several notebooks
④ reviewing all the textbook chapters

▶▶ 解答 本冊 P.48

B　You found the following story on a "work abroad" website.

Outdoor Shoes and Indoor Slippers

Ryoko Saito (English Teacher)

One important thing for foreign visitors in Japan to remember is that the Japanese always remove their shoes before entering someone's home. However, as Kate Jones, an assistant English teacher from the UK, found out, the rules about shoes in restaurants can be a little more complicated. Kate had come to our junior high school to teach English for a year, and although she was nervous about starting her new job, she was looking forward to discovering all the cultural differences between Japan and the UK. She was a little worried at first because she didn't speak much Japanese, but she soon made friends with the other teachers and became very popular with the students.

When she had been in Japan for about two weeks, the mayor of our town invited Kate and the teachers of our school to a welcome party. The welcome party was held at a traditional Japanese restaurant. When we arrived at the restaurant, we removed our shoes and sat together at a low table. We ate many kinds of traditional Japanese foods, and Kate tried many dishes she had never eaten before. During the meal, Kate went to the restroom alone. When the meal was over, the mayor gave a speech to welcome Kate to Japan. He then asked Kate to stand up and introduce herself.

Kate stood up, walked to the front of the room, and started her self-introduction. Suddenly everyone started laughing. Kate was puzzled. The mayor pointed at Kate's feet and said, "You are still wearing your toilet slippers!" Kate was embarrassed at her mistake and apologized to the mayor. After she returned to the UK, Kate told me that during the year, she made many mistakes with both language and culture, but thanks to those mistakes and the kind people who helped her, she learned more about Japan than she had ever expected.

問1 Put the following events (①～④) into the order in which they happened.

　18　→　19　→　20　→　21

① Kate introduced herself.
② Kate took off her shoes and sat at the table.
③ Kate went to the restroom.
④ The mayor gave a speech.

問2 Kate was interested in　22　during her stay in Japan.

① becoming popular with students
② finding out about cultural differences between Japan and the UK
③ learning how to cook traditional Japanese food
④ mastering Japanese shoe rules

問3 From this story, you learned that Kate　23　.

① stayed in Japan far longer than she had ever expected
② thinks she was able to understand Japan better because of her mistakes
③ was always alone at school because she did not speak good Japanese
④ was invited to a farewell party by the mayor of the town

B You found the following story on a blog.

Giving Money as Gifts

By Mariko Ikeda

I have been working in the United States for five months now but had not gone to a party the entire time. There have been a few group outings at work, but no birthday parties or engagement parties or anything like that. That's why I was so enthusiastic about going to a 25th wedding anniversary party of one of my coworkers.

I decided to bring some cash in an envelope called "Go Shugi Bukuro," which I had brought from Japan. In my experience people here usually enjoyed the things I shared from my home country.

I felt very sure my gift would be enjoyed by my coworker and her husband, but when I handed it over, they didn't respond the way I had hoped. When they opened it up, they seemed surprised to find cash. They weren't angry, but they seemed a little confused. I felt rather disappointed to see that and asked my coworker if I did something wrong. She said she didn't mind and was simply surprised since she herself had never received money as a gift. That calmed me down a little.

Later, I learned that Americans don't give money as a gift very often. The reason I was given was that giving money suggests that you don't know the person very well. The idea is that you know what the person might like and buy something for them accordingly. I also learned that gift cards are more appropriate than cash in the U.S. Apparently, I should have asked someone what kind of gifts were appropriate before I made the decision. I became embarrassed that I made such a mistake and looked for my coworker to apologize. Giving gifts is a good way to communicate. However, in order to avoid offending the receiver's feelings, we should take their cultural background into consideration when choosing a gift.

問1 Put the following events (①~④) into the order in which they happened.

| 18 | → | 19 | → | 20 | → | 21 |

① Mariko decided to bring something from Japan.
② Mariko learned that a gift card is more appropriate than money.
③ Mariko was looking forward to going to the party.
④ The couple was confused by Mariko's gift.

問2 The gift Mariko gave would have been considered normal in Japan, but in the United States it's considered to be ___22___.

① common among the young
② extremely rude
③ only for weddings
④ unusual

問3 From this story, you learned that Mariko ___23___.

① had decided to give money as a gift because she did not know what her coworker liked
② had not expected her coworker's confused reaction when she gave her a gift
③ usually has trouble thinking of what gifts to buy for wedding parties
④ will give gift cards along with cash as a gift from now on

1st

▶▶ 解答 本冊 P.55

You are doing research on modern shopping habits. You found these two articles.

Modern Shopping Habits

by George Harris
January 2019

The way we shop is always changing. The supermarket, for example, only started to become common in the 1950s. Until then, people had to shop every day, and visit different stores to buy different kinds of food. For example, the butcher for meat, the fishmonger for seafood, and a small grocer for fruits and vegetables. These days, people tend to drive to the supermarket and buy food once a week or even once a month.

Of course, the biggest change is that we can now buy food, clothes and other items online instead of shopping in physical stores. According to a UK government survey, in 2007, only around 3% of all shopping was done online. However, by 2018, the figure had risen to 18%. Not only younger shoppers but older ones as well are shopping online. Nowadays, smartphones, which are like computers in the pocket, make it even easier to go online and buy something on the spot. This trend seems likely to continue.

Online shopping is increasing in all sectors. The graph shows the percentage of sales completed online in a variety of different categories. While food, drinks and cosmetics are still mostly bought in physical shops, around a third of office supplies and electronics were bought online in 2016. Around a quarter of book and CD sales were completed online in the same year.

In my opinion, online shopping will continue to increase in popularity. Shopping online is convenient and often cheaper than buying goods in stores. When I buy food or clothes online, I can pay by credit card, and my items are delivered to my home the next day. Online shopping is also great for people who live in the countryside or those with conditions that

---

make it hard to go outside. In the 21st century, for a business to be successful, it must provide a way for its customers to shop online. This is the shopping style of the future.

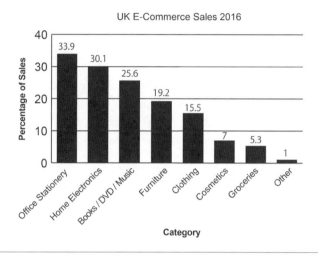

UK E-Commerce Sales 2016

Opinion on "Modern Shopping Habits"

by Emily Millen

The trend for people to shop online instead of shopping in stores has had a major effect on my business. Visitors to my store are decreasing every year and my profits have also gone down. According to the graph in George Harris's article, online shopping now accounts for about one fourth of sales in my sector. I also believe this figure will continue to rise for several reasons.

Although shopping online is convenient and often cheaper, it leads to many small businesses closing down. My town had five bookstores in 2010, but now there is only one. It is not only bookstores that cannot afford to continue. Stores selling CDs, toys, clothes and stationery have also been affected. When stores close down, staff lose their jobs and customers lose the opportunity to see and touch real items before they buy. Many elderly people are still not used to shopping online, so physical stores are important for those members of the community. Stores also provide an opportunity for human interaction and communication.

I believe we must protect our stores to keep our communities from turning into ghost towns. If the online shopping trend continues, our towns will become empty, people will lose their jobs, and customers will lose choice and the chance to interact with other people.

問 1　Neither George Harris nor Emily Millen mentions ⎡ 24 ⎤.

　　① problems associated with using a credit card to buy online
　　② the convenience of shopping online
　　③ the difference in online shopping by age group
　　④ the impact of online shopping on local businesses

問 2　Emily Millen probably sells ⎡ 25 ⎤.

　　① books
　　② clothes
　　③ stationery
　　④ toys

問 3　According to the articles, shopping online is good for customers because ⎡ 26 ⎤. (Choose the set of correct answers.)

　　A　it can be less expensive than shopping in stores
　　B　it provides a chance to communicate online
　　C　purchases can be delivered directly to your door
　　D　there are more choices

　　① A, B　　② A, C　　③ A, D
　　④ B, C　　⑤ B, D　　⑥ C, D

問 4　George Harris states that 　27　, and Emily Millen states that
　28　. (Choose a different option for each box.)

① businesses must adapt to modern shopping trends
② elderly people must learn to adapt to future shopping trends
③ modern shopping trends have negative effects on towns and
communities
④ online shopping is useful for human interaction and communication
⑤ physical stores are no longer important for the community

問 5　Which additional information would be the best to further support
Emily Millen's opinion on modern shopping habits? 　29　

① How to accept that the future of shopping is online.
② How to help the elderly buy things online.
③ What communities could do to protect local stores.
④ What shoppers can do to find better discounts.

2nd

解 答 本冊 P.62

You are doing research on growing food. You found these two articles.

Personal and Community Gardens

by Nicole Gonzales

February 2019

In the modern world, fewer people make their living from farming than ever before. In fact, most people don't even live anywhere near where their food is produced. They live far away from farms and ranches and only see produce and meat when they go to the grocery store. In these circumstances, some people are wanting to push back against this trend by growing at least a little of their own food. They have done so by growing vegetables in home gardens or by raising small animals on their land. Sometimes they instead work with people in their communities to create larger shared gardens. These shared gardens have played an important role in bringing energy back to communities.

There are many reasons to grow these kinds of gardens. For most people, it is simply a hobby or helps them feel more connected with nature and the food they eat in general. Some people can't find a particular vegetable they enjoy cooking with where they live and want a ready supply. Some plants are more economical to grow yourself instead of buying them from a store. Some people are interested in eating locally sourced food to reduce pollution resulting from shipping food from far away.

So, where in the world are most people growing personal home or shared community gardens? A survey of five countries shows some patterns in this practice. Generally, personal home gardens are more popular than community gardens. They are the most popular in countries that have less population density. People in these countries have homes that are large enough to plant gardens in. In addition, personal gardens are also more popular than community gardens in densely populated countries. Community gardens are only more popular in medium-density countries. For one thing, if the population density is low, there may not be enough people to manage community gardens. On the other hand, if the population density is too high, there is too little land for creating them.

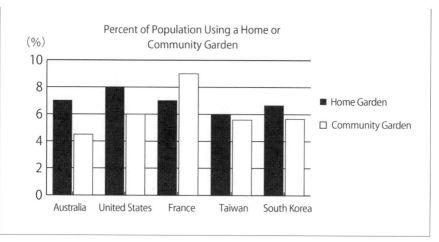

Percent of Population Using a Home or Community Garden

■ Home Garden
□ Community Garden

Opinion on "Personal and Community Gardens"

by Daniel Potter

March 2019

I was glad to see the topic of community gardens brought up in Ms. Gonzales' article. It can sometimes be hard to set one up for a community and find people willing to participate. Many people don't see the benefit if they've only shopped for their food. In this country, less than five percent of people use a community garden. Most people don't think they're an option. However, those who take the time to try it are always satisfied with the results of their work.

Among the several positive points of public gardens, the most important one is the sense of community and shared knowledge that a community garden fosters. People working in the same garden support each other and help one another become better gardeners. This increases the amount of food grown and makes growing your own food even more efficient and economical.

Growing your own food also makes you more creative and less wasteful when cooking. Many people simply look up recipes and buy the ingredients right before cooking. If you buy more than the recipe calls for, you can end up throwing the leftover amount away. When you grow a large amount of the same kind of vegetable, it makes you plan around that ingredient. You start to become more creative and resourceful when cooking.

問 1 Neither Nicole Gonzales nor Daniel Potter mentions 24 .

① changes in the number of people who grow food
② how population density affects gardening
③ the difficulty in starting a community garden
④ the nutritional value of home-grown vegetables

問 2 Daniel Potter is from 25 .

① Australia
② France
③ Taiwan
④ the United States

問 3 According to the articles, home and community gardens can 26 .
(Choose the set of correct answers.)

A decrease pesticide use
B increase agriculture exports
C increase community involvement
D reduce food spending

① A, B   ② A, C   ③ A, D
④ B, C   ⑤ B, D   ⑥ C, D

問 4 Nicole Gonzales states that home and community gardens 27 ,
and Daniel Potter states that they 28 . (Choose a different option
for each box.)

① are a way of having access to rare produce
② are much more popular than flower gardens
③ change how people cook for the better
④ use less water than large grass lawns
⑤ were much more popular in areas with good transit

問5 Which additional information would be the best to further support Daniel Potter's opinion on personal and community gardens? ⬚29⬚

① What research someone could do to grow only the most popular vegetables.
② What someone could do to better use the food they've grown.
③ What someone could do to lower the price of their vegetables so that they can sell more.
④ What someone could do to sell their vegetables to large grocery chains.

1st

▶▶ 解答 本冊 P.67

Your group is preparing a poster presentation entitled "The Person Who Changed Science Forever," using information from the magazine article below.

Charles Robert Darwin, an English naturalist and biologist, changed the way we understand the natural world when he published his book *On the Origin of Species* in 1859. In that revolutionary book, he proposed that all living creatures evolved from a common ancestor, through the process of natural selection. Darwin's Theory of Evolution is now widely accepted by the scientific community all over the world.

Charles Darwin was born in Shrewsbury, England, on February 12, 1809. As a child, he showed a deep interest in natural history but was encouraged by his doctor father to follow him into a career in medicine. Charles Darwin entered Edinburgh University in 1825 as a medical student but soon became bored by his studies. Instead, he spent a great deal of his free time learning about plants and animals from experts he met at the university. It was at Edinburgh University that he first encountered the concept of evolution.

According to his father's wishes, Darwin moved to Cambridge University, and after graduating in 1831, Charles Darwin joined an expedition to South America on board the ship HMS Beagle. During the five-year expedition, Darwin visited many different South American countries. In each country, he found unique wildlife and fossils that provided strong evidence that all living things were descended from a common ancestor. In September 1835, the Beagle arrived in the Galapagos Islands. Darwin discovered many new types of birds on the islands that were similar to those found in neighboring Chile, but with new changes to their body and behavior. He noted that each island contained unique species perfectly adapted to their environment. These changes slowly occurred over many generations and this discovery supported Darwin's new ideas about how natural selection created new species.

Before returning to England, the HMS Beagle stopped in Australia. There, Darwin observed unusual animals such as the kangaroo and the koala. The differences he observed again helped him develop his theory about the origin of species.

On his return to England in 1836, Darwin began the work of organizing the fossils and bones he had collected on his expedition. He noticed that the fossils he collected were different but similar to creatures still living in South America, providing evidence that species can evolve. During the next twenty years, Darwin published research, gave presentations and continued to work on his book about the origin of new species. He included the observations he made on his voyage on the Beagle and used the fossils he collected as evidence. Charles Darwin's book, *On the Origin of Species* went on sale on November 24, 1859. At the end of the book, he suggested that humans also evolved in the same way as the other living creatures he had observed. This was a radical suggestion at the time. Reviews of his book were mixed, as many people did not want to believe that humans were related to animals and the Anglican Church argued that his ideas broke God's rules. However, scientists and thinkers at that time agreed with Darwin that one of the ways new species evolve is through natural selection. Natural selection is still taught in science lessons around the world today.

The Person Who Changed Science Forever
● The life of Charles Robert Darwin

Period	Events
1810s	Darwin spent his childhood in Shrewsbury, England.
1820s	30
1830s and beyond	31 → 32 → 33 → 34

Charles Robert Darwin

● About *On the Origin of Species*

◆ First published on November 24, 1859.
◆ The book received mixed reviews for the following reasons: 35

● What Darwin taught us

◆ Species can 36 .
◆ Natural selection is: 37 , 38 .

問 1　Members of your group listed important events in Darwin's life. Put the events in the boxes 　30　 ~ 　34　 in the order that they happened.

① Darwin organized and researched the fossils and bones he had collected during the expedition.

② Darwin studied at university in Edinburgh and Cambridge.

③ Darwin visited South America on the HMS Beagle.

④ Darwin visited the Galapagos Islands.

⑤ Darwin's book *On the Origin of Species* was published.

問 2　Choose the best statements to complete the sentence. (Choose the set of correct answers.) 　35　

A　Scientists argued against the concept of natural selection.

B　The book argued against the idea that God created the various species we see today.

C　The book contained little evidence of evolution.

D　The book suggested that humans had also evolved through natural selection.

E　The concept of natural selection was too difficult for people to understand.

F　The radical group of the Anglican Church tried to block the publication of the book.

① A, F　　② B, C　　③ B, D
④ B, E　　⑤ C, D　　⑥ E, F

問 3　Which of the following completes the sentence? 　36　

① adapt to their environment

② change environments without adapting

③ eventually evolve into humans

④ quickly evolve into new species

問 4　Choose the best statements to complete the sentence.　[37] · [38]

① a process invented by Darwin
② a way of explaining why Darwin's ideas were incorrect
③ an old theory no longer believed by scientists today
④ one of the main theories that explain how species evolve
⑤ one of the reasons why different environments contain unique species
⑥ the process by which monkeys become human

▸ 解答 本冊 P.73

Your English teacher has told everyone in your class to find an inspirational story and present it to a discussion group, using notes. You have found a story written by a high school student in the UK.

Lessons from the Wilderness

by Jake Lindon

I never thought I'd be so bad at putting up a tent. We were camping in the middle of North Yorkshire, but I was already regretting it. I'm from London, and joining the school nature club was a big change for me. I'm normally designing computer programs or testing out new hardware. I would have been most comfortable at home, in front of a screen.

Ms Beck, my computer teacher, had encouraged me to join this club. She was concerned that I was spending too much time on mobile phones and laptops, both at home and in school. She'd said I had to "get away from systems and into nature." Soon afterwards, I was sorry that I had taken her advice.

I guess I had always thought of myself as a smart person. I was certain that camping would be quite simple, much like programming. So, I felt really silly and embarrassed when I couldn't set up a simple tent by myself. I walked off with tears of frustration in my eyes. I planned to leave the club and just go back home.

Luckily, the club teacher, Mr Brinkley, didn't allow me to go. Instead, he gave me tips and instructions on how to make the tent strong and tall. My club friends Jane, Thomas, Emma, and Chet also encouraged and helped me get along with nature. For example, Jane showed me which plants can make a person sick, Thomas taught me how to make a fire, Emma told me about birds, and Chet helped me learn about first aid. They were really patient, and that helped me adjust to being outdoors.

After a while, I wasn't just surviving outside — I was starting to enjoy it. For instance, climbing used to be scary, but has now become enjoyable. In the beginning, I used to dislike most of the outdoor activities our club planned and would make excuses to stay behind. Now I was looking forward to them, which I'd never thought possible. Hiking trails became my favourite thing. I started to see that nature was really pleasant and delightful — a view which I'd never had in London.

By the end of the school year, my outdoor experiences were really paying off. I'd become a different person. I felt as good in the woods as I did in London. The things I learned not only gave me confidence but also helped me do better in school. "I used to think schoolwork was really hard," I told my classmates. "But now that I've learned to get around in places like the Scottish Highlands, all my classes seem easier!"

The talks I had with other club members also changed me a lot. Gary, the club senior, told me about how his parents had gotten time off to take the family camping in Spain last year. As we talked about his trip, I realised that I would have been better off if I'd gotten out of my comfort zone much earlier. Also, I needed to challenge myself even more. I started to dream about hiking, climbing, and camping in other parts of the world, like Eastern Europe and Central Asia.

Looking back, I see that trying new hobbies and adopting a more risk-taking mindset was one of the best choices I'd ever made. The nature club didn't just teach me about the outdoors — it also helped me become more open to accepting challenges of all types. Of course, if it weren't for friends and teachers who were helpful and patient, such change would have been impossible.

I'm not an expert on the wilderness of the UK — or anyplace else. I still have a lot to learn. However, now I know that if you challenge yourself, it will make a big difference in your life.

Lessons from the Wilderness

About the author (Jake Lindon)
- Enjoyed computers and technology.
- Joined the nature club at school because he ⬚ 30 ⬚.

Other important people
- Ms Beck: The computer teacher who encouraged him to get out into nature.
- Mr Brinkley: The teacher of the nature club who ⬚ 31 ⬚.
- Jane, Thomas, Emma, and Chet: Club members.

Influential events in Jake's journey to becoming a better outdoorsperson
⬚ 32 ⬚ → ⬚ 33 ⬚ → ⬚ 34 ⬚ → ⬚ 35 ⬚

What Jake realised after the conversation with Gary
He should have ⬚ 36 ⬚.

What we can learn from this story
- ⬚ 37 ⬚
- ⬚ 38 ⬚

問1　Choose the best option for ⬚ 30 ⬚.

    ① believed he would easily do well
    ② hoped that others would join the club
    ③ thought he could change the camp plan
    ④ understood it was hard to lead groups

問2　Choose the best option for ☐ 31 ☐.

① asked other club members for their help
② offered advice on how to make tents
③ set up climbing equipment for easier carrying
④ taught the English language to campers who were studying it

問3　Choose four of the five options (① ~ ⑤) and rearrange them in the order they happened. ☐ 32 ☐ → ☐ 33 ☐ → ☐ 34 ☐ → ☐ 35 ☐

① Began thinking about overseas camping trips
② Discussed a new activity with his computer teacher
③ Had to go through much frustration
④ Learned about some wild animals and plants
⑤ Organized with some of his classmates to protect nature

問4　Choose the best option for ☐ 36 ☐.

① bought better outdoor clothing to hike in the Scottish Highlands
② joined Gary's family in travelling through Spain the previous year
③ made some changes to improve his life even earlier
④ taught his friends to understand some computer codes while they were camping together

問5　Choose the best options for ☐ 37 ☐ and ☐ 38 ☐. (The order does not matter.)

① Confidence is necessary for people to take up new challenges.
② Educators must accept much more responsibility in teaching children life skills.
③ Outdoor activities that are exciting could be too risky.
④ People can learn more and grow stronger through enduring discomfort.
⑤ The circle of people around you can provide encouragement and support.

第5問

43

A You are preparing for a group presentation on immigration for your class. You have found the article below. You need to prepare notes for your talk.

Can foreign workers solve Japan's labor shortage?

Japan's aging population and low birth rate mean that businesses will continue to face major worker shortages. While the 2023 population of Japan was around 123 million, this figure is expected to be only 95 million by 2050. The proportion of the population over 65 is currently around 28% but will be around 35% by 2040. These population changes are causing recruitment problems in many industries. Moreover, according to a Value Management Institute study, the population changes will worsen the "rural-urban divide," with worker shortages much higher outside of big cities such as Tokyo or Osaka. The government of Japan is considering several policies to solve this crisis. One solution is to encourage more women to join the workplace. Another is to welcome more foreign workers.

The Japanese government has approved legal changes that will allow as many as half a million more foreign workers into Japan by 2025. Most of these foreign workers will come from Asian countries such as China, Vietnam, and the Philippines, and mainly be employed in manufacturing, agriculture, and healthcare. However, opponents of this policy claim that allowing in so many foreigners would put pressure on public services and cause an increase in crime. In addition, they claim that the arrival of these workers would result in lower wages for native Japanese.

Unlike most economically developed nations, such as those in Western Europe, Japan has seen relatively little immigration until now. However, while many right-wing politicians are against admitting more unskilled foreign workers into Japan, there is a significant number of people who are in favor of the policy. According to a survey by TV Tokyo and Nikkei Business done on November 26, 2018, 41% of Japanese voters

---

agreed with accepting foreign workers and 47% were against it. The majority of those who agreed with the policy were young.

Despite the concerns of many politicians and older Japanese, foreign workers seem to be a positive addition to the country so far. In Hiroshima Prefecture, one in six fishery workers is foreign. Around half of the fisheries staff in their 20s and 30s are also foreign. These workers enable fisheries to survive. Shinji Takasaki, a manager of a fish processing factory in rural Hiroshima, is grateful for the foreigners' contributions. "After a few months of training, they become good at their jobs. We really rely on them. It seems like a waste that they can't stay longer," says Takasaki, referring to restrictions on the period of time unskilled foreigners can work in Japan. Nevertheless, researcher Shoto Furuya says that foreign workers "are not the best solution over the long term." This is because even larger numbers of such workers cannot fully make up for Japan's aging society and shrinking population — along with its slowing economy. Furuya notes that all these issues require broader and more complex solutions.

The new policy is, of course, beneficial to the foreign workers themselves. By working in Japan for a few years, they can earn much more than they could in their own countries. Indeed, many such temporary workers in Japan can send a proportion of their earnings back to their families each month. In addition to financial benefits, unskilled foreign workers learn new skills that they can use when they eventually return home.

Japan needs immigration to survive economically. However, it is important to ensure that the new policy benefits both Japanese society and foreign workers.

Your notes:

Introduction
◆When it refers to the "rural-urban divide" in Japan, the Value Management Institute means ☐ 39 ☐.

Study by TV Tokyo and Nikkei Business
◆The 2018 study indicates that ☐ 40 ☐.
◆The results of Shoto Furuya's research suggest that ☐ 41 ☐ and ☐ 42 ☐.

Conclusions
◆Japan has a serious labor shortage, a slowing economy, and an aging population. In response, the country has allowed in more foreign workers to help with these issues. At the same time, we must keep in mind that ☐ 43 ☐.

Choose the best option for ⬚39⬚.

① cities are much better places than rural areas
② countryside locations will have worse labor shortages
③ lifestyles will change more in cities than in rural places
④ people should move from big cities to the countryside

問 2 Choose the best option for ⬚40⬚.

① a large majority of Japanese want a foreign workforce
② companies are against employing unskilled foreign people
③ Japan now admits more foreign workers than other advanced economies
④ younger Japanese are more comfortable with people coming to Japan for work

問 3 Choose the best options for ⬚41⬚ and ⬚42⬚. (The order does not matter.)

① a single policy cannot solve Japan's severe labor shortage
② foreign workers can make up for Japan's fast-aging society
③ Japan faces several labor problems that require complex answers
④ Japan must prepare to assign foreign workers to more complex jobs

問 4 Choose the best option for ⬚43⬚.

① foreign workers are only needed in Japanese towns and villages
② Japan has offered a great opportunity to developing industries
③ Japan refuses to allow in unskilled foreign workers despite its labor shortage
④ labor shortages in Japan can only be partially solved by a new foreign worker policy

第
6
問

▶▶ 解答 本冊 P.84

A You are preparing for a group presentation on teletherapy for your psychology class. You came across this article. You need to prepare notes for your talk.

Teletherapy and Mental Health

In the past, many Japanese felt ashamed to see psychologists or other mental health professionals. They felt that people simply had to be mentally strong enough to endure any difficulties. As Doctor Chikako Yamaki wrote, this was simply "part of the cultural climate" in the nation. However, many Japanese now see psychological well-being as important as any other aspect of a person's health.

However, this new focus on mental health has had at least one negative effect: with more people trying to see psychological professionals, it has become harder to find them. Many therapists are too busy to take on new patients. Moreover, some patients live in areas with few psychologists. It is this difficulty that has prompted the expansion of teletherapy. Teletherapy is an approach that uses technological tools such as video chatting or texting. The term "teletherapy" is now most often used to describe online mental health treatment.

The benefits of such a system are obvious. Patients gain access to non-local therapists who can help them with their specific problems. It is also convenient for patients who have trouble leaving their houses because of physical or mental disabilities. Also, patients can more easily get emergency online therapy sessions. Many teletherapy services allow people to use their phones to get sessions immediately. If a patient has a sudden need for care, they can get it right away instead of trying to deal with the challenge on their own.

Teletherapy can also feel more natural for younger people who are more accustomed to interacting via text and video. Setting up a direct meeting with someone in an office can be scary for some people. Chatting online can feel more comfortable and allow them to be more honest about their feelings. These systems also have a record of success. Research done in 2021 by Professor Naoki Yoshinaga of Tokyo University showed that teletherapy has had positive effects on Japanese people.

Of course, not every aspect of teletherapy is beneficial. Based on his extensive research in 2023, Doctor Steven Gans has expressed concerns about online privacy, as well as patient information being lost or hacked. Also, communicating via text does not allow the psychologist to consider things like voice tone or facial expressions. This makes it harder to identify patients' problems. Even when video chatting, therapists can miss things like off-screen body language. Moreover, regular meetings with the same therapist help to create bonds of trust between the patient and the therapist. If someone uses an app to get help only occasionally, they won't get the same psychologist every time. Without such a relationship developed over a long period, it can be hard to be honest about one's feelings. Perhaps worst of all, as Gans notes, it is almost impossible for teletherapists to respond in an emergency the way an in-person doctor can.

Nevertheless, teletherapy is becoming more of a reality in the field of mental health. It is especially important to consider the future of this field. "AI therapists" are rapidly emerging: low-priced or free apps that are available at all times. These apps provide counseling and advice instantly, and AI therapy founders such as Doctor David Burns claim they are "available 24 hours a day and are informative, supportive, and therapeutic." Other experts doubt the effectiveness of AI therapy, teletherapy, or any computer or robotic service in mental healthcare. They claim the "human, in-person approach" is always best. In the end, patients can now select the treatment option that they prefer.

Your notes:

Introduction
- ◆When she refers to the "part of the cultural climate" in the nation, Doctor Chikako Yamaki means ⬚ 39 ⬚.

Research by Professor Naoki Yoshinaga
- ◆The 2021 Yoshinaga research indicates that ⬚ 40 ⬚.
- ◆The results of Doctor Steven Gans's research suggest that ⬚ 41 ⬚ and ⬚ 42 ⬚.

Conclusions
- ◆Teletherapy has many proven advantages, especially for those who may not be able to meet a mental health professional in person. Apart from teletherapy with a psychologist, we can also consider ⬚ 43 ⬚.

問 1　Choose the best option for 　39　.

① advice from trained doctors instead of family members
② ideas about mental health from other countries
③ lifestyles in Japan that focus on improving one's mental health
④ situations where people do not seek professional help

問 2　Choose the best option for 　40　.

① many more Japanese need teletherapy
② online psychological treatments can work
③ Tokyo needs far more psychological clinics
④ very few people were helped by teletherapy

問 3　Choose the best options for 　41　 and 　42　. (The order does not matter.)

① doctors have few scheduled openings for teletherapy
② information shared online may not be secure enough
③ most global treatment methods do not work in Japan
④ responses by online therapists could be limited

問 4　Choose the best option for 　43　.

① a variety of technology-based mental healthcare options that are emerging for those who want them
② advanced AI-based systems that are more effective than even in-person consultation with mental health professionals
③ the negative effects of teletherapy rapidly replacing in-person therapy in many Japanese cities
④ the risks associated with technology expanding in the mental health field without any rules or laws

1st

本冊 P.89

B You are preparing for a presentation. You are using the following passage to create your slides on squirrel populations in the UK.

Visit any park or garden in the United Kingdom and you may have a chance to see a grey squirrel. At only 24.0-28.5cm long and weighing 0.44-0.72kg, it is hard to imagine that these charming creatures could be a problem for anyone. However, these squirrels are not actually "British." In fact, they are a non-native invasive species, and the government has long been considering ways to reduce their numbers. The squirrel species native to the UK is actually the red squirrel. Red squirrels have small lines of hair in their ears called "tufts" to help with hearing and long hairs around their mouths called whiskers. They have bushy tails, a dark stripe along their backs, and a soft white underbelly. The animals also have claws on their feet to help with climbing. In these ways, the animals are well-adapted to life in the UK. However, since the introduction of the grey squirrel, the number of red squirrels has declined from around 3.5 million to just 140,000, whereas there are now over 2.5 million grey squirrels in the UK.

The grey squirrels now living in the wild in the UK were originally introduced from North America in the 1800s as fashionable pets for wealthy landowners. However, they soon escaped, spread rapidly across the country, and competed with red squirrels for resources. The grey squirrel easily won this competition. This is because the animal is larger and stronger than the red squirrel and can thrive in both city and rural areas. Grey squirrels also have many more babies than red squirrels, so their populations grow faster. Moreover, grey squirrels have multiple winter survival strategies. For instance, they store more body fat to live off during winter. Also, they place winter food in several hiding places, so if one location is destroyed, others remain; this is different from red squirrels, which risk their survival by having all of their winter food in a single location: if that location is destroyed or raided by other animals, the red squirrel may not live through the season. In addition, grey squirrels do not sleep through the winter, but instead build nests in trees, from where they leave to hunt for additional food in the mornings or evenings: this provides them even more winter food sources. Grey squirrels also carry the squirrel pox virus, a disease that kills red squirrels. For these reasons, the increase in the grey squirrel population has caused a sharp decline in red squirrel numbers. Now, in many parts of the UK, there are no red squirrels at all. Most of the remaining red squirrels live in remote mountains in North Wales and the Highlands of Scotland, where grey squirrels have a much tougher time surviving. It is estimated that the red squirrel will become extinct in the UK within 10 years if no effective action is taken.

In 1998, the UK government announced plans to control the grey squirrel population through trapping. However, many nature experts opposed these plans. They said that killing grey squirrels was not only cruel but also ineffective. This is because as soon as one population of grey squirrels is removed from an area, another one takes its place. Another method of reducing the number of grey squirrels would be to introduce a natural enemy. This method has been effective in Ireland, where there has been a similar problem with grey squirrels. In Ireland, a weasel-type animal called a "pine marten" has been steadily increasing in numbers due to a hunting ban in the early 1990s. The pine marten hunts small mammals, including squirrels. As the number of pine martens in Ireland has increased, the number of grey squirrels has decreased, allowing the native red squirrels to return. Although pine martens eat both grey and red squirrels, scientists believe that red squirrels can escape from pine martens more easily because they are smaller and smell pine martens more easily. Red squirrels are now returning to areas they have been absent from for thirty years — and this was achieved without traps, chemicals, or other non-natural methods. Many researchers believe that the UK should learn from Irish and use pine martens to help save the red squirrel from extinction.

Your presentation slides:

The Squirrel Population
in the UK

1. Basic Information: Grey Squirrels

- 24.0-28.5cm long
- 0.44-0.72kg
- [44]

2. Grey Squirrel Habitats

- escaped into the wild
- now occupy most of the UK
  - ✓ live in both cities and countryside
  - ✓ do poorly in mountain areas
  - ✓ have more babies than native UK squirrels

3. Grey Squirrel Secrets to Winter Survival

- [45]
- [46]

4. Red Squirrel Features

[47]

5. Final Statement

[48]

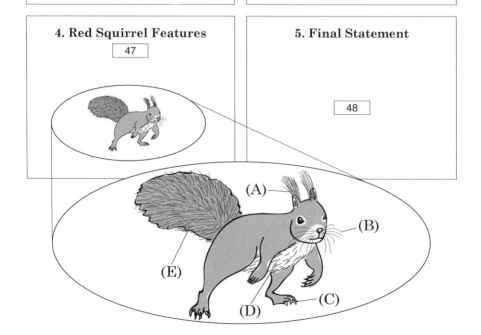

問 1　Which of the following should you **not** include for 　44　?

   ① Carries a disease
   ② Competes for resources
   ③ Grows larger than native squirrels
   ④ Originates from outside of the UK
   ⑤ Preys on weaker squirrels

問 2　For the **Grey Squirrel Secrets to Winter Survival** slide, select two features of the grey squirrel which give it an advantage during the winter. (The order does not matter.) 　45　 ・ 　46　

   ① Cities are warm enough in winter for the creature to live underground.
   ② It can make use of fat that it had stored in its body earlier.
   ③ It places its food in several hiding places.
   ④ Nests in bushes enable the animal to hide from predators.
   ⑤ Sleeping through the winter helps the animal save energy.

問 3　Complete the missing labels on the illustration of a red squirrel for the **Red Squirrel Features** slide. 　47　

   ① (A) claws　　　　　　(B) white underbelly　　(C) whiskers
      (D) bushy tail　　　　(E) tufts
   ② (A) tufts　　　　　　(B) whiskers　　　　　(C) claws
      (D) white underbelly　(E) bushy tail
   ③ (A) tufts　　　　　　(B) white underbelly　　(C) bushy tail
      (D) claws　　　　　　(E) whiskers
   ④ (A) whiskers　　　　(B) claws　　　　　　(C) bushy tail
      (D) white underbelly　(E) tufts
   ⑤ (A) whiskers　　　　(B) tufts　　　　　　(C) claws
      (D) bushy tail　　　　(E) white underbelly

問 4　Which is the best statement for the final slide? 　48

①　Ecosystems typically contain a broad variety of species, but the conflict between grey and red squirrels shows that ecosystems have limits as to how many they can hold.

②　Invasive species can be difficult to get rid of once they have established themselves within territories, so countries must take special measures to control their spread.

③　Species that have advantages over others will gradually dominate an ecosystem. This fact of nature holds true not only for large creatures but also for small ones such as squirrels.

④　The loss of so many red squirrels shows why nations have to restrict pets coming from overseas, especially those that have not been properly tested before arrival.

問 5　What can be inferred about the role of pine martens? 　49

①　Introducing certain predators can sometimes reduce the impact of invasive species, and such a natural method can replace other approaches that humans have commonly used.

②　Pine martens are the key to reducing overall squirrel populations, and more should be introduced throughout Ireland and Great Britain.

③　Their cooperation with red squirrels allows both species to survive. This cooperation tends to break down when grey squirrels are introduced.

④　Their presence protects grey squirrel populations in mountain areas. This shows why both species need each other in such harsh environments.

B You are preparing for a presentation. You are using the following passage to create your slides on the new trend of meal kits.

Nutrition experts agree that cooking at home is a healthier option than eating out. Still, many people have trouble grocery shopping and cooking. One alternative is frozen meals, but these are often not much healthier than eating at a restaurant. To help with this issue, some companies have started selling meal kit subscriptions. A meal kit is a box of ingredients that is delivered to a residence. The kit is designed for someone with basic cooking skills and a small amount of time, so a person only needs to combine the ingredients and then heat them. The typical kit is enough for one meal, for example: 580g of food containing 678 calories. The average kit buyer — the main target of this industry — is between 30 and 60 years old, upper-income, highly educated, and has children. There have been similar meal preparation products in grocery stores before, such as spice mixes or dried foods, but those usually required you to buy your own meat or vegetables. In contrast, these new meal kits usually contain fresh fruits, vegetables, fish, or meat, and include everything needed to cook an entire single meal. Moreover, the portions are just the right size, designed to make the eater feel "full." Furthermore, the contents of each meal kit serve as lessons in good health. According to Dr. Kacie M. Dickson of Flinders University in Australia, meal kits promote positive habits such as self-educating about nutrition. Customers also enjoy the chance to try dishes they might not have otherwise eaten. In addition, meal kit menus are regularly updated, so they often include new food trends that customers may see in the media.

Market research firms have noted that meal kits have seen broad success for a number of reasons. The kits are designed by nutritionists and approved by government authorities. Many meal kits include healthy ingredients such as oats. In fact, oats are considered a superfood since they are whole grains that provide good proteins and fats, along with carbohydrates. The major portion of the oat grain is the starch-filled endosperm, which has an outer layer of aleurone cells containing nutritious proteins. There is also a small germ at the bottom of the grain that is rich in good fats. The bran or seed coat covering the endosperm itself contributes to health since it contains fiber, vitamins, and minerals. Only the uneatable outer layer of the oat grain, called "husk," is removed during processing. Chia seeds are another superfood that often appear in meal kits. These tiny, unprocessed seeds can be added to almost any dish without affecting its taste.

Various types of meals are also available, from vegan to steak or seafood. Moreover, meal kit purchases are simple: customers can conveniently order the kits from retailers through a website or app.

However, this is a highly competitive industry. Market entry barriers are low, so new firms enter regularly, often offering deep discounts to customers — who often change from their current meal kit provider to a new one. As a result, companies in this market are in a never-ending price war. Moreover, operating costs in this sector are high. Specifically, firms must be able to cover the costs of computer equipment, warehouses, and fleets of trucks. In these conditions, margins are often thin or even negative — driving many meal kit firms into failure. Success in this field is only possible when a firm consistently performs well and can rapidly adjust to changing consumer preferences. For firms that can do this, substantial profits can be earned. The business model has expanded quickly, with 4.5 million subscribers spending $1.3 billion in 2015. Subscription numbers have grown rapidly since then, reaching 28 million people in 2023 as revenue hit $8.2 billion in that same year. This increase in both profits and subscriber numbers is due to improvements in technology, ingredient purchasing, and shipping, as well as the overall boost to online shopping from the COVID-19 pandemic.

Though meal kits have proved popular and beneficial to public health, there are some concerns. For instance, the ingredients for single meals are usually packaged in many small containers. This produces much more waste than buying in large quantities for preparing multiple meals. Produce is also usually plastic-wrapped, unlike the unwrapped selections in supermarkets. Despite these concerns, meal kits are a growing and innovative part of the grocery industry.

Your presentation slides:

**Meal Kits:
A New Way to Eat Well**

**1. Basic Information:
A Typical Meal Kit**

- enough for a single meal
- typical subscribers ⬚ 44

2. Success of Meal Kits

- created by nutritionists
- designed for healthier eating
  - ✓ limited portion size
  - ✓ ingredients carefully chosen
  - ✓ approved by the government

3. Secrets of the Meal Kit Market

- ⬚ 45
- ⬚ 46

4. Profile of Oats

⬚ 47

5. Final Statement

⬚ 48

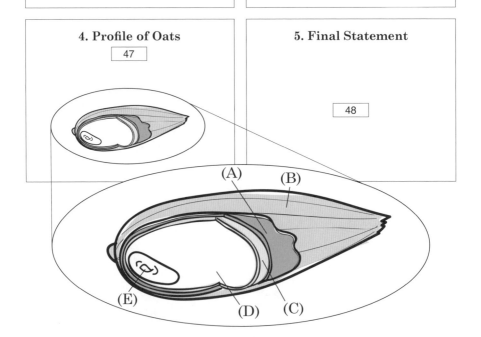

(A) (B)

(E)

(D) (C)

問1 Which of the following should you **not** include for ⬚44⬚?

① earn high incomes
② enjoy food variety
③ have advanced education
④ prefer vegetarian dishes
⑤ range between middle-aged and young

問2 For the **Secrets of the Meal Kit Market** slide, select two main features of this market that companies must deal with. (The order does not matter.) ⬚45⬚ ・ ⬚46⬚

① Food options should regularly win some awards.
② Investors must be willing to fund advanced nutrition research.
③ The competition in this field keeps prices down.
④ The menus offered to customers should contain a wide variety of items.
⑤ University and government recommendations are necessary to launch products.

問3 Complete the missing labels on the illustration of an oat grain to complete the **Profile of Oats** slide. ⬚47⬚

① (A) Aleurone cell   (B) Husk   (C) Bran
   (D) Endosperm   (E) Germ
② (A) Bran   (B) Germ   (C) Husk
   (D) Endosperm   (E) Aleurone cell
③ (A) Endosperm   (B) Aleurone cell   (C) Germ
   (D) Bran   (E) Husk
④ (A) Husk   (B) Aleurone cell   (C) Bran
   (D) Endosperm   (E) Germ
⑤ (A) Husk   (B) Endosperm   (C) Germ
   (D) Aleurone cell   (E) Bran

問 4　Which is the best statement for the final slide?　48

① Meal kit businesses provide a valuable health service to the general public.　However, the environmental impact of their waste production cannot be ignored.

② Meal kit companies provide meals of exceptional quality and lower cost than cooking at home.　This new business sector will surely grow fast.

③ People can enjoy significant time savings as well as great variety through using meal kits, although the health benefits are still unclear.

④ Smaller and newer firms are unlikely to survive very long in the highly competitive area of meal kit services.

問 5　What can be inferred about the popularity of meal kits?　49

① Doctors recommend them because they are contributing significantly to the improving health levels of ordinary Americans.

② People who dislike most restaurants also generally prefer having meal kits because of their wider variety.

③ They are ideal for the busy lifestyles of business professionals of various ages and may continue to be popular.

④ They should be banned since they result in plenty of wasted foods that could be served in other places.

第**A**問

▶▶ 解答 本冊 P.102

You are working on an essay about whether Autonomous Electric Vehicles (AEVs) should be sold widely in Japan. You will follow the steps below.

Step 1: Read and understand various viewpoints about electric vehicles.
Step 2: Take a position on the use of AEVs in Japan.
Step 3: Create an outline for an essay using additional sources.

[Step 1] Read various sources

Author A (Electrical engineer)
Autonomous Electric Vehicles (AEVs) will be sold widely in Japan sooner or later. They are already operating in some Western and Chinese cities and will one day spread to Japanese cities and towns as recharging stations become available. AEVs give passengers time and space to relax during their journeys. Office workers can even get some of their projects done as they travel to or from their jobs. Also, autonomous cars are safer, since computer-operated vehicles drive carefully and avoid human mistakes.

Author B (Climate scientist)
AEVs appear to be a positive way to meet our transportation needs, especially in large cities. However, they should not be manufactured widely. Factories that build these cars create a lot of pollution. Moreover, electrical energy production — which is necessary for charging stations — is also dirty. In addition, studies suggest that, since AEVs are so convenient, they may be bought in much greater numbers and used more often. This would increase pollution. We need to stop producing and driving any kind of cars and switch to clean public transportation.

Author C (Human rights activist)
In some ways, AEVs are great. They may help reduce air pollution in overcrowded cities and keep car passengers safer. However, AEV production breaks many labor and environmental laws. For instance, the

materials used in AEV batteries often come from dangerous and highly polluted mines, especially in Latin America, Africa, and Asia. This is not acceptable from a human and labor rights viewpoint. We have to find other methods of daily travel, such as bicycles — which are very common in Amsterdam and Copenhagen.

Author D (Transportation planner)

Currently, most Japanese electricity production comes from "dirty" fuels such as coal or oil. This causes severe environmental pollution at production sites. AEVs could reduce such pollution as part of a clean energy network. This network would have to include clean energy-based car factories, thousands of charging stations across the country, and even roads that wirelessly recharge batteries. We have not created such a network yet, but we must begin building it before we start making AEVs on a large scale.

Author E (Fund manager)

Clean energy funds are set to reach about US$5.6 trillion by 2030, and these funds will likely be very profitable. Many investors are excited about clean energy products, including AEVs. Companies producing AEVs will be able to expand their market share, hire more workers, and bring more innovations to the public. Some Electric Vehicle (EV) and AEV funds are doing much better than other car funds. Investors are confident that our country will have more AEVs on the road as the infrastructure improves and people realize that these vehicles are the future.

問1 Both Authors A and E mention that ⬚1⬚.

① AEVs are more efficient than gasoline-powered cars as a result of using clean energy

② AEVs make use of highly advanced technology that is very expensive

③ manufacturing of clean-energy cars will certainly grow because of their various benefits

④ stocks of AEV companies are already more valuable than most other stocks

問2　Author D implies that ☐ 2 ☐.

① AEVs will not be safe as long as car battery designs continue to
   have so many problems
② clean energy infrastructure is necessary before promoting large-
   scale production and use of AEVs
③ gasoline stations must be closed to increase the number of
   recharging stations for AEVs
④ roads cannot wirelessly recharge vehicles if too many people start
   using AEVs for daily travel

[Step 2] Take a position

問3　Now that you understand the various viewpoints, you have taken a
　　　position that AEVs should not be produced on a large scale, and have
　　　written it out as below.　Choose the best options to complete ☐ 3 ☐,
　　　☐ 4 ☐, and ☐ 5 ☐.

Your position: Autonomous electric cars should not be produced in large
　　　　　　　numbers.
　　・Authors ☐ 3 ☐ and ☐ 4 ☐ support your position.
　　・The main argument of the two authors: ☐ 5 ☐.

Options for ☐ 3 ☐ and ☐ 4 ☐ (The order does not matter.)
① A
② B
③ C
④ D
⑤ E

Options for ☐ 5 ☐
① AEV batteries are produced in countries where families cannot
   afford these products
② AEVs must not be sold widely because they are not as fast as
   gasoline-powered cars
③ people would not be interested in AEVs unless costs related to
   charging stations decrease
④ societies should focus on other options for travel instead of using
   cars

[Step 3] Create an outline using Sources A and B

Outline of your essay:

Autonomous Electric Vehicles are not practical

Introduction
  AEVs are still troubled with many issues.

Body
  Reason 1: [From Step 2]
  Reason 2: [Based on Source A] ⋯⋯ ☐ 6 ☐
  Reason 3: [Based on Source B] ⋯⋯ ☐ 7 ☐

Conclusion
  AEVs should not be widely manufactured.

新
課
程

Source A
Autonomous electric vehicles have much potential. A University of Michigan study indicated that autonomous cars have an accident rate of less than half that of human-driven ones. AEVs could also promote tourism since foreign visitors could use AEVs fairly easily. Nevertheless, there are many challenges involved. For instance, making car batteries is difficult and highly polluting: EV car manufacturing actually causes more pollution than gasoline-powered car manufacturing. In addition, recycling AEVs is difficult, particularly the batteries inside the cars. Most importantly, AEVs are too expensive for most people. As an example, EVs in America are often two to three times as expensive to own, insure, and operate as gasoline-powered cars — and AEVs are even more expensive than EVs.

Source B

People have various concerns about using autonomous cars. One study by Arthur D. Little illustrated the various reasons people are concerned about these new vehicles.

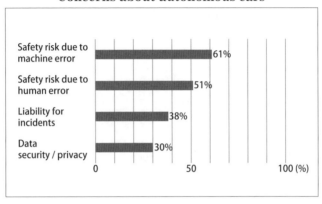

Concerns about autonomous cars

問4 Based on Source A, which of the following is the most appropriate for Reason 2? ☐ 6 ☐

① AEV companies are giving away too many discounts, but people are still not ready to buy the vehicles.

② AEVs have several advantages over gasoline-powered vehicles, but not in the area of prices, which are too high for most people.

③ Most potential car buyers are attracted to AEVs not only for their affordable technologies but also for their unique designs.

④ Rich people prefer gasoline-powered cars over AEVs because they have many concerns regarding the safety of autonomous vehicles.

問5 For Reason 3, you have decided to write, "AEVs are unrealistic for now." Based on Source B, which opinion best supports this statement? ☐ 7 ☐

① About half of people were concerned about machine error in autonomous cars, slightly less than those worried about human error. Nevertheless, both of these figures were over twice as high as those concerned about liability.

② Close to a quarter of people were concerned about human error in autonomous cars. This was half the rate of concern about machine error and data safety.

③ Nearly two-thirds of people were concerned about human or machine error in autonomous cars, with similar rates of concern expressed about legal liability and data security.

④ Slightly over three-fifths of people were concerned about machine-caused traffic accidents, while a little over half expressed worries about human error. Concerns about legal issues and data security were not as high.

新課程

In English class you are writing an essay on a social issue you are interested in. This is your most recent draft. You are now working on revisions based on comments from your teacher.

New Life for Empty House	Comments
Japan has too many houses. With the aging population, decreasing households, and declining birth rates, Japan had 8,489,000 empty houses in 2018 nationwide. Some experts predict that 30% of houses will be empty by 2030. This would result in an increase of fire or devastation of scenery. Finding solutions for all the extra houses, called "akiya," is an urgent matter. This essay will discuss three ways to cope with unused houses.	
First, give new uses to empty houses. Some house companies work with homeowners and communities to change houses into storage areas, community centers, small businesses, and work areas. ⁽¹⁾∧Therefore, local governments should assist in funding the change to a new purpose.	*(1) You are missing something here. Add more information between the two sentences to connect them.*
Second, remodel older houses. Although demand can be low, some older houses can be updated and turned into rental units or resold to earn profits. ⁽²⁾∧House-selling agents have successfully bought akiya directly and fixed them up before selling them to buyers.	*(2) Insert a connecting expression here.*
Finally, ⁽³⁾<u>consider the future house.</u> Houses that have been empty for a long time may be too damaged to repair, but some materials are still useful. The house's materials can be recycled for furniture or	*(3) This topic sentence doesn't really match this paragraph. Rewrite it.*

saved for use on future projects.

In conclusion, the number of empty houses will increase as the population declines. Unused houses can find a new purpose, be [4]developed into new housing, or be torn down and recycled to manage unwanted properties. In this way, communities can work toward sustainable living and avoid the problems of unkept buildings and decreasing house values in the future.

(4) The underlined phrase doesn't summarize your essay content enough. Change it.

Overall Comment:

Wonderful work! You are well on your way to becoming a great writer. (Do you notice any empty houses near where you live?)

新課程

問1 Based on comment (1), which is the best sentence to add? ☐ 1 ☐

① In general, the house's new purpose brings value to the community.
② In my opinion, akiya must be donated to the local government.
③ Instead, changing the purpose of a house often causes other problems.
④ On the other hand, homeowners must pay to remove the building.

問2 Based on comment (2), which is the best expression to add? ☐ 2 ☐

① in fact
② moreover
③ that's why
④ what's more

問3 Based on comment (3), which is the most appropriate way to rewrite the topic sentence? ☐ 3 ☐

① break down extra houses
② rebuild any unused houses
③ recycle materials from houses
④ sell akiya to house-selling agents

問4 Based on comment (4), which is the best replacement? ☐ 4 ☐

① given to the local government
② repainted and cleaned up
③ turned into small business offices
④ updated for new owners

模試にチャレンジ
英語　リーディング
（100点　80分）

解答上の注意

　各大問の英文や図表を読み，| 1 |〜| 47 |にあてはまるものとして最も適当な選択肢を選びなさい。

▌取り組み方

1.　巻末の「**解答用紙**」をコピーして，解答を記録しましょう。

2.　本冊の「**模試にチャレンジ　解答一覧**」や各問いの解説にて正解を確認し，「**解答用紙**」の「**小計**」欄に得点を記録します。

3.　公式アプリ「**学びの友**」を使って解答することもできます。詳しくは本冊 8 ページをご覧ください。

A You are studying in the US, and as an after-school activity you have been asked to choose one of the two performances to go and see. Your teacher gives you this handout.

<table>
<tr><td colspan="2" align="center">Performances for Friday</td></tr>
<tr>
<td align="center">City Opera House
The Magic Guitar</td>
<td align="center">The Central Theater
Max Taxi Racer</td>
</tr>
<tr>
<td>An opera performance for audiences of all ages

♦ Starts at 6:00 p.m. and runs for three hours, with a 15-minute break
♦ Performed in English
♦ Drinks are permitted outside the main hall
♦ Tickets available at the City Opera House</td>
<td>A comedy about a Paris taxi driver who loves to drive fast

♦ Starts at 5:00 p.m., with a running time of two hours
♦ In French, with English and German subtitles
♦ Food and drinks served in the guest lounge
♦ Tickets sold online and at the box office</td>
</tr>
</table>

Enter free with a middle or high school ID.

Instructions: Write a check mark (✓) in the box of the event you want to attend and have one parent sign, date, and return this form to the school as soon as possible.

☐ *The Magic Guitar*

☐ *Max Taxi Racer*

Student Name: _____

Parent Signature and Date: _____

問 1　What are you asked to do after you have read the handout? ☐ 1 ☐

①　Choose an event and ask a parent to sign a payment letter.
②　Mark your choice and then get a parent to submit the form.
③　See the event and then give your feedback to a teacher.
④　Talk with your school friends and then make a group choice.

問 2　Which is true about both performances? ☐ 2 ☐

①　Drinks can be taken into the show.
②　Entrance is free for some people.
③　They are performed in French.
④　They have breaks during the event.

B You like reading novels and want to join a reading club. While browsing through the Internet, you found an interesting group.

Welcome to English/Japanese Book Club!

We are a group located in Shibuya-Ku, Tokyo, consisting of over 50 members who speak either English or Japanese or both. We meet up once a month at a café in Tokyo and talk about books written by a Japanese or a Western author. We take turns, which means in one month, we might pick a book by a Japanese author, then the next month, a book by a Western author, and so on. We usually select a book a few months ahead of time so the members can have time to prepare.

This is a great opportunity to hear what other people think about each book, and it will help you to understand the story better, especially when the book is not written in your native language.

Upcoming meetings:

June 2, Sun   *Kawamura's Café, Tokyo, 1:30 p.m.
    Book: **"Kokoro"** by Soseki Natsume

July 7, Sun   *Kawamura's Café, Tokyo, 3:30 p.m.
    Book: **"Great Expectations"** by Charles Dickens

August 4, Sun   *Kawamura's Café, Tokyo, 3:30 p.m.
    Book: **"Night on the Galactic Railroad (Ginga Tetsudo no Yoru)"** by Kenji Miyazawa

---

September 1, Sun   **Place: --- 1:30 p.m.
    Book: **"Pride and Prejudice"** by Jane Austen

---

*Kawamura's Café has great tea and coffee and a large variety of amazing cakes!
**Kawamura's Café will be closed on Sept.1. We will pick a place and let you know soon.

For more information, please <u>contact us by email.</u>

問 1 The main purpose of this notice is to find people who ⬚3⬚.

① are interested in joining the club
② live in Shibuya-Ku, Tokyo
③ speak both English and Japanese
④ want to start a new book club in Tokyo

問 2 The members are going to ⬚4⬚ the next four club meetings.

① get together at Kawamura's Café for
② get together in the afternoon for
③ talk about both English and Japanese movies during
④ talk about only Japanese books during

問 3 Kawamura's Café ⬚5⬚.

① is looking for a place to open a new shop
② sells a variety of books
③ will be closed until September 1
④ will not be the place for the fourth meeting

A Your school is having a cultural festival next month. Your class has decided to design original T-shirts for the event. To design them and have them printed, you found an online service that looks good.

Design Your Original T-shirts!

It's fast and easy! High quality, low prices, and quick delivery guaranteed!

Step 1: Choose your base shirts

1. **Shirt type:** Regular T-shirt | Tank-Top shirt
2. **Color:** click to select
3. **Size:** S ×0 | M ×0 | L ×0 | XL ×0 | 2XL ×0 | 3XL ×0 |

Step 2: Design your T-shirts with our easy online tools

1. **Front design**
2. **Back design**
3. **Sleeve design** (optional: an extra fee of $5.00 applies)

Step 3: Choose shipping options

1. **Regular Delivery:** 3 to 4 weeks. Free.
2. **Rush Delivery:** 2 to 3 days. $2.00 per shirt.

(It takes 2 to 3 days to have your order ready to ship.)

Customer Ratings and Reviews:

Johnathan K.   2 weeks ago ★★★★★

This online service is simply great! The design tools are very easy to use, the quality of the T-shirts is excellent, and I got the shirts to look exactly the way I wanted. The prices are low compared to other similar services, and they delivered my order three days earlier than the promised date.

Rachel S.   3 weeks ago ★★★★★

I like this online service very much, and I have used it so many times. I am a professional designer and what I like most about this service is its excellent customer service. Whenever I have questions or special requests, they are always very helpful. I would recommend this online T-shirt service to anyone looking to design original T-shirts!

問 1 According to the website, which is true about ordering T-shirts? ☐ 6 ☐

① Express shipping is free with four or more T-shirts.
② Sleeve design costs extra.
③ Tank-top shirts cost less.
④ The largest size costs $2.00 extra per shirt.

問 2 To make sure the T-shirts arrive in time for the cultural festival using normal delivery, you must order your T-shirts at least ☐ 7 ☐.

① a week in advance
② four and a half weeks in advance
③ four weeks in advance
④ three and a half weeks in advance

問 3 Someone who has no experience in designing T-shirts may use this service because ☐ 8 ☐.

① help from a professional designer is available
② its customer service will design T-shirts for the person
③ the T-shirts are high quality
④ there are easy-to-use online design tools

問 4 On the website, one **fact** about this online service is that ☐ 9 ☐.

① everyone will have a great experience
② the service is really fast and easy
③ there are several packaging options
④ you can choose the sizes of your T-shirts

問 5 On the website, one **opinion** about this online service is that ☐ 10 ☐.

① a person used this service repeatedly
② high school students will love this service
③ the customer service is very helpful
④ you can only design the front part of the T-shirts

B In English class you are writing an essay on a social issue you are interested in. This is your most recent draft. You are now working on revisions based on comments from your teacher.

Wisdom to Reduce Food Waste	Comments
Every person must eat. Food brings people together, gives us nutrition, and reflects our culture. However, wasted food harms the environment and costs money to dispose of. In Japan, about 5.2 million tons of food were wasted in 2020, with about half of the waste coming from households. Therefore, the government is working to reduce food waste by 50% by 2030. This essay will discuss three ways people can reduce food waste at home.	
First, plan meals before shopping. This will ensure that only the required amount is purchased while spending less money. [(1)]So, keep a list of the foods that will spoil soon and use them before they must be thrown away.	*(1) You are missing something here. Add more information between the two sentences to connect them.*
Second, cook only the amount that will be eaten. Cooking only the needed food will reduce waste while saving money and any resources used to produce and transport the food. [(2)]Leftover food should be properly stored and consumed before it goes bad.	*(2) Insert a connecting expression here.*
Finally, [(3)]think about your extra food. Unprepared food that is close to the best-before date can also be donated. Sharing extra food prevents waste, and donating food to community programs supports those in need.	*(3) This topic sentence doesn't really match this paragraph. Rewrite it.*
In conclusion, reducing food waste is a shared	

responsibility that starts at home. Planning meals, [4]cooking food better, and sharing excess food are important to help save food. In this way, we can support the goal of reducing food waste to save resources while protecting the environment.	*(4) The underlined phrase doesn't summarize your essay content enough. Change it.*

Overall Comment:
Your writing continues to improve. This is a great first draft of your essay. (What do you do at home to help reduce food waste?)

問 1　Based on comment (1), which is the best sentence to add?　11

① Also, it is important to know when food will go bad.
② In fact, it is always better to buy canned or frozen food.
③ In general, grocery shopping can be very expensive.
④ Therefore, do not buy foods that can expire one day.

問 2　Based on comment (2), which is the best expression to add?　12

① in addition
② in my opinion
③ instead
④ that is

問 3　Based on comment (3), which is the most appropriate way to rewrite the topic sentence?　13

① freeze any extra food
② locate community food programs
③ recycle cleaned food containers
④ share or donate extra food

問 4　Based on comment (4), which is the best replacement?　14

① cooking only necessary amounts of food
② donating whatever was not cooked
③ expecting to have leftovers to share
④ tracking all the best-before dates of food

You found the following story in a study abroad magazine.

An English Pub

Jane Summers (English Language Teacher)

Eating with friends in a pub or restaurant should be a fun experience. However, there are sometimes cultural differences that make eating out in a foreign country a little more difficult.

Emiko, a Japanese university student who came to study at our language school last summer, told me about a funny experience she had at an English pub. One afternoon, Emiko and her Korean classmates decided to visit a traditional English pub for lunch. They had never been to an English pub before, so they were afraid that they would behave incorrectly. When they entered the pub, they waited by the door for a waiter to take them to a table, but no waiter appeared. Emiko felt angry at the poor service. They decided to sit down at a table. They looked at the menu and waited for a waiter to take their order. However, nobody came to their table. Emiko and her friends felt very irritated. Emiko told her friends that in Japan, customers shout, "Sumimasen!" when they want to order, so she tried shouting "Excuse me!" in a loud voice. All the people in the pub stopped talking and looked at Emiko. Her face suddenly turned red and she felt like rushing out of the pub.

Just then, a member of staff came to their table. He explained that in an English pub, the customers have to order at the bar counter. There is no waiter service. Customers also have to pay when they order, instead of paying after they eat. Emiko and her friends apologized to the man and ordered their food.

I laughed when Emiko told me her story, but then she said that she began to feel confident not only when just speaking English but also when ordering food in pubs and restaurants. I learned from her story that in a foreign country, understanding the culture is as important as understanding the language.

問 1 Put the following events (① ~ ④) into the order in which they happened.

15 → 16 → 17 → 18

① A member of the staff explained the pub rules.
② Emiko and her friends were waiting at the pub entrance.
③ Emiko's group ordered their food.
④ The pub customers stared at Emiko when she shouted.

問 2 Shouting, "Excuse me!" in a traditional English pub is not effective because 19 .

① a waiter will always come to the table
② customers must pay when they finish eating
③ English pubs do not employ waiters
④ the other customers will stop talking

問 3 From this story, you learned that Emiko 20 .

① gained cultural understanding and confidence in her language skills
② made many new friends from foreign countries
③ taught her classmates how to pay in a Japanese restaurant
④ visited a pub by herself and enjoyed the food

第**4**問 （配点 18 点） ⏱ 16 分　　▶▶ 解答 本冊 P.130

You are working on an essay about whether people should be encouraged to use Quantum Artificial Intelligence (QAI). You will follow the steps below.

Step 1: Read and understand various viewpoints about QAI use.
Step 2: Take a position on various people's use of QAI.
Step 3: Create an outline for an essay using additional sources.

[Step 1] Read various sources

Author A (Educational Technology Researcher)
Artificial Intelligence (AI) is already transforming education, but Quantum Artificial Intelligence (QAI) — AI based on extremely advanced computer systems — will transform education even more. These systems will produce information in very large amounts, at great speed, and at high accuracy. To compete in a global economy, Japanese youth must first understand and then master these large flows of information. Moreover, they will need to learn how to build QAI suitable for the Japanese economy and society. They can only do this if their teachers have already mastered QAI, and are able to teach it well. There is no way to stop or slow this technology, so our future depends on this.

Author B (Educational Nonprofit Director)
AI was supposed to help students learn better. However, many students misuse these systems: they use AI to do their homework, essays, and even tests. Some students feel that they don't need to study anymore, since "the AI can do all of their work." QAI makes all of these problems worse, since teachers cannot easily discover when or how students use it. In addition, days, weeks, or months later, students who "cheat" using AI often feel guilty. This is because they know they are doing something wrong.

Author C (The Ministry of Education Official)
QAI has great potential, but it must be managed carefully. After proper training, teachers could introduce specific types of the system to specific classes and grade levels. These days, some students use AI to do their schoolwork, but that is because they have not been taught to use the system correctly. Students must learn to use AI or QAI for research but

not writing. Teachers must also explain to students that AI or QAI can sometimes be wrong. Before we can use QAI widely, we have to learn much more about it, train teachers on it, and instruct students on how to use it.

Author D (Therapist)

Many psychologists are concerned that technology is negatively affecting people. However, new research shows that AI is actually helping people to become less lonely. Those who are very shy can "train" with AI to improve their social skills. After such AI training, they may be able to find friends and partners — and QAI will help them do that even more easily. Japan has some young people called "hikikomori" who almost never go outside. QAI can help hikikomori get the social skills they need. This is where I see the value of AI and QAI.

Author E (University Admissions Officer)

I am disappointed to see so many university applicants relying on AI. This system can create science projects, admission essays, and schoolwork samples. Some university candidates present AI-created work as their own, thinking they are just being "clever." However, they are actually being dishonest. Later, many of them feel sad or useless because they have used AI this way. Inside, they know that they should be learning, not copying, or trying to trick teachers. They also fear that teachers, principals, or admission boards will find out they have misused AI. QAI will certainly make this situation even worse.

問 1　Both Authors B and E mention that ⎡ 21 ⎤.

① AI systems are causing high rates of depression among both youth and adults
② AI tools can sometimes make the user feel bad when used improperly
③ homework is being ignored by students because they prefer to study AI systems
④ students are using their AI and QAI skills carefully and effectively

問2 Author A implies that ⬚22⬚.

① both teachers and students need to promote the use of QAI in classrooms and companies

② current government policies must be updated soon to control new QAI systems

③ modern educators have to plan how to use advanced technology in their class space

④ parents have to learn much more about complex computer systems that affect so many schoolchildren

[Step 2] Take a position

問3 Now that you understand the various viewpoints, you have taken a position that the use of QAI should be encouraged, and have written it out as below. Choose the best options to complete ⬚23⬚, ⬚24⬚, and ⬚25⬚.

Your position: Quantum Artificial Intelligence use should be encouraged.
・Authors ⬚23⬚ and ⬚24⬚ support your position.
・The main argument of the two authors: ⬚25⬚.

Options for ⬚23⬚ and ⬚24⬚ (The order does not matter.)
① A
② B
③ C
④ D
⑤ E

Options for ⬚25⬚
① advanced computer systems can help some young people gain technical or social skills

② computers often have fewer social or economic effects than we first imagine

③ QAI is strongly supported by both economists and mental health doctors all over the world

④ students should choose computer systems that meet their specific technology or lifestyle goals

[Step 3] Create an outline using Sources A and B

Outline of your essay:

Quantum Artificial Intelligence use should be encouraged

Introduction
QAI is the next step in social, economic, and technological advancement.

Body
    Reason 1: [From Step 2]
    Reason 2: [Based on Source A] ┈┈ [26]
    Reason 3: [Based on Source B] ┈┈ [27]

Conclusion
Students should learn and use QAI.

Source A

Using highly advanced computer languages and very fast processes, QAI will be able to create amazing things, such as new types of medicine, aircraft, and even movies and music. It can also be a very powerful and personalized learning tool. For instance, QAI will be able to design customized lessons for each student in a class, adjusting the content as the student progresses. It can also read a student's face to know when they are happy, sad, frustrated, or tired. If the student is having difficulties, the system can then give the student a rest or report the situation to a human teacher for further help. The system can help manage large classes in a way that is almost impossible for human teachers. Nevertheless, there are many concerns about this new technology. Many experts predict that social media companies will use QAI to attract children and teens, interrupting their schoolwork and ability to make good and mature decisions. Research shows that AI of all types can lead teens to make dangerous choices.

Source B

A study of QAI was done in 2023. It discovered that firms from different areas of the world were adopting QAI at different rates. The results of the study showed important statistical differences.

Survey: Adoption pace of QAI

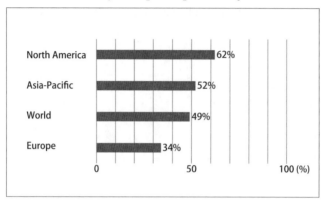

問4 Based on Source A, which of the following is the most appropriate for Reason 2? 26

① Most of the earlier concerns about QAI have now been solved by educational experts.

② QAI can design and adapt flexible content for each student in a learning environment.

③ QAI has been created to be far easier, cheaper, and simpler to use than earlier AI versions.

④ QAI works well with basic AI to generate the clearest lesson plans for human teachers.

問5 For Reason 3, you have decided to write, "Quantum AI will create a highly complex future for us." Based on Source B, which opinion best supports this statement? ☐ 27 ☐

① About two-thirds of North American firms are quickly adopting QAI, while about half of Asia-Pacific and World firms are doing so. About a third of European firms are adopting QAI at a slow rate.

② Half of Asia-Pacific firms are adopting QAI quickly, but this is far behind European or World adoption rates. All regions are behind North America, where about three fourths of firms are adopting quickly.

③ Just over one-third of European and North American firms are adopting QAI slowly. Asia-Pacific firms show a similar QAI adoption pace. However, less than a quarter of World firms are adopting slowly.

④ The Asia Pacific is close to Europe in fast QAI adoption rates, with more than half their firms adopting quickly. Asia-Pacific firms may overtake North American and World companies soon.

Your English teacher has told everyone in your class to find an inspirational story and present it to a discussion group, using notes. You have found a story written by a high school student in the UK.

I Love What I Have

by Lisa Claiborne

I'd never had a year go so wrong. I had hoped to go to Oxford or Cambridge but was attending a low-ranking college near Suffolk. I had hoped to spend the summer in Portugal, but instead spent it at a part-time retail job. I had hoped to spend the weekends going to parties with friends, but I had to settle for talking about work with them. The entire year had been a failure!

Mr Clarke, my career counsellor, had said that I had a lot of potential. I was good in science, maths, and computers — good, but not great. He said that if I wanted to fulfil my dreams of attending a top British university, I would have to study much harder. He was worried that I wasn't "working as hard as I should to get what I want." Now, I have to admit that he was correct.

I guess I had always thought that I was working hard enough to achieve my goals. Most of my grades were good, most of my teacher recommendations were fine, and most of my homework was done. Mr Clarke told me, though, that I would be competing against some of the best students in the world to get into a top university. So, I couldn't just be "good." I would have to be "excellent." He was right because the top UK schools rejected my applications. I felt really bad.

My maths teacher, Ms Davies, told me to keep trying. She reminded me that both Oxford and Cambridge often accept students who reapply. But she also said that I should probably spend the next year at a local college, taking challenging courses, getting work experience, and doing everything possible to improve my academic and work record. If I was serious about going to a top school, I would have to give up my idea of travelling through Portugal and instead stay in Suffolk and study.

I took Ms Davies's advice and spent the summer studying hard. I also took a part-time position at a clothes shop to get my first work experience. My best friends, Gina, Marvin, and Becky, also decided to get local summer jobs so that I wouldn't feel lonely. Gina worked at a restaurant, Marvin worked at a café, and Becky worked as a private tutor. We would all get together sometimes and share work stories; we all learned something.

Most importantly, an unexpected feeling came to me: gratitude. I was happy that I had such good friends who had even stayed behind to keep me company. There were also other things that I had grown grateful for, such as my own health and the health of my friends and family. At one point, the clothes shop owner had become very sick. Although she recovered, it made me thankful that everyone in my life was in good health and could enjoy themselves.

Getting rejected from top schools helped me to grow up and face some hard truths: for instance, that I had never worked or studied as hard as I should have. The talks I had with customers and co-workers at the shop also helped me a lot. Sophia, the head salesperson, had come to the UK from rural Poland. She could barely speak any English when she first got here, and had almost no money. Within only 18 months, she spoke English well enough to become the shop's best salesperson.

I now realise that I lacked motivation. I hadn't realised that I had led a very lazy life compared to people like Sophia. I also lacked gratitude for life's gifts, such as good health and friends. I understand now that I would have been better off if I'd recognised all the comfort and advantages that I'd long had.

I still hope to be admitted to a top university, but even if I fail, I will still be grateful for everything. I love the life I have.

Your notes:

I Love What I Have

About the author (Lisa Claiborne)
• Earned mostly good grades.
• Applied to top schools because she [28].

Other important people
• Mr Clarke: The career counsellor who gave advice.
• Ms Davies: The maths teacher who [29].
• Gina, Marvin, and Becky: Lisa's best friends.

Influential events in Lisa's journey to becoming a more grateful person
Was completing high school → [30] → [31] → [32] → [33]

What Lisa realised after the conversations with Sophia
She should have [34].

What we can learn from this story
• [35]
• [36]

問1　Choose the best option for [28].

① believed her school record was sufficient
② hoped that she could get another scholarship
③ knew that most applications are accepted
④ thought that failure would not bother her much

問 2　Choose the best option for ☐ 29 ☐.

① asked her co-workers for their opinions
② encouraged Lisa to make another effort
③ established herself as one of the best teachers in the school
④ used her connections to get Lisa admission

問 3　Choose four of the five options (①～⑤) and rearrange them in the order they happened. ☐ 30 ☐ → ☐ 31 ☐ → ☐ 32 ☐ → ☐ 33 ☐

① Became grateful for her situation in life
② Discussed an improvement plan with the teacher
③ Gave up her travel plans to study harder
④ Learned about business management from her boss
⑤ Made her first applications to top British universities

問 4　Choose the best option for ☐ 34 ☐.

① considered how easy it was for her to live compared to others
② found a way to launch her own clothes shop
③ taught all of her family members to appreciate their lives
④ travelled to a much cheaper country like Poland instead of visiting Portugal

問 5　Choose the best option for ☐ 35 ☐ and ☐ 36 ☐. (The order does not matter.)

① Elite schools are not as important as we think.
② Everyone should be prepared to accept hard facts about their personalities.
③ Finding valuable friends is certainly difficult for various reasons.
④ People can use failure as a learning opportunity for personal growth.
⑤ The more a person achieves, the more confident they will feel.

第6問 （配点 27 点） 22分

▶▶ 解答 本冊 P.142

A You are preparing for a group presentation about how eating habits in Japan have changed. You have found the article below. You need to prepare notes for your talk.

Changes in Japanese Eating Habits

Japanese food is famous around the world for being not only delicious but also healthy. Japanese tend to live longer and are less likely to be obese than people in other developed countries and this is probably due to the health benefits of the traditional Japanese diet. Traditional Japanese food is high in grains, vegetables, soy, and fish but low in meat and dairy. Dietary expert Ana San Gabriel notes that Japanese food "tends to be high in salt content." However, she states that "salt is no real problem," because of healthy ingredients such as fruits, vegetables, and fish. Moreover, diets high in soy and fish have been linked to a lower risk of heart disease. The average American man is three times as likely to suffer a heart attack as a Japanese man. Diseases caused by high blood sugar are also much rarer in Japan than in America.

The Japanese diet has clear health benefits. However, in modern Japan, fewer people are taking the time to prepare and eat traditional Japanese food. According to a survey by the Japanese Ministry of Health, Labour and Welfare in 2011, consumption of meat has been rising rapidly but consumption of vegetables has been falling. In 2001, Japanese adults ate an average of 74g of meat each day. In contrast, the average was 80.7g in 2011. On the other hand, vegetable consumption fell from 295.8g to 277.4g over the same period.

Another big change in the modern Japanese diet is the move away from eating rice. In 1962, adults ate an average of 118kg of rice per year. However, in 2016, the figure was just 54kg per person. Young Japanese people now tend to prefer bread or noodles to rice, and flavored rice to plain white rice. As Japan Health 21 reports, the Japanese diet is becoming more Westernized and the Japanese are becoming unhealthier — specifically, they are gaining far too much weight.

96

The move toward a more Western diet started in the period of economic growth after the Second World War. The national school lunch program started serving milk and bread alongside hot dishes in schools. Many people believe this changed the tastes of the younger generation. Changes in agriculture also made meat and dairy products more available and affordable. The growth of large cities and young people moving away from rural areas have also affected the national diet. Young Japanese people tend to eat out more and rely more on convenience store food than older generations. With more women working outside the home, less time is being spent preparing nutritious and balanced family meals. Fewer young people are living with older family members, so knowledge of how to prepare traditional meals is also being lost.

The Western diet is high in calories and fat. This has caused the average height of the Japanese to rise but also the average weight. Currently, roughly 25% of Japanese people have a BMI of over 25 — a rise of 300% since 1962. If this figure continues to rise, Japan will start to see high rates of heart disease, diabetes, and metabolic syndromes similar to other developed countries.

The Japanese government has recognized the problem and announced a number of policies to reduce levels of obesity. Japanese companies can be punished if few employees receive health examinations. Firms must also provide support services for overweight staff. These policies seem to be working. However, most experts agree that the most effective way to prevent metabolic syndrome in Japan would be for everyone to return to a traditional Japanese way of eating.

Your notes:

Introduction
◆When she says "salt is no real problem," Ana San Gabriel means that
  37 .

Research by the Japanese Ministry of Health, Labour and Welfare
◆The 2011 survey indicates that   38 .
◆The results of Japan Health 21 research suggests that   39   and
  40 .

Conclusions
◆Japanese traditional foods have always been considered healthy.
These foods have kept the Japanese slim and long-lived. However,
Japanese people are now eating more foods and drinks from the
West. We should consider   41 .

問 1　Choose the best option for ⬚ 37 ⬚.

① foods without salt actually reduce the chance of heart disease
② levels of salt are balanced by other typical Japanese food items
③ salt is necessary for a diet high in fruits and vegetables
④ salt used on Japanese dishes is different from Western salt

問 2　Choose the best option for ⬚ 38 ⬚.

① healthy options of all types are popular
② meat consumption has risen significantly
③ people are starting to eat more vegetables
④ vegetable products have become more expensive

問 3　Choose the best options for ⬚ 39 ⬚ and ⬚ 40 ⬚. (The order does not matter.)

① actual body sizes of the Japanese are changing
② foreign influences have affected the meal choices of the modern Japanese
③ heart disease is a negative result of the traditional Japanese diet
④ previous surveys overlooked the major health problems of Japanese people

問 4　Choose the best option for ⬚ 41 ⬚.

① diseases that could rise due to the decrease in rice consumption in Japan
② Japanese food as being the most delicious food in the world
③ the Japanese government to be responsible for changing the way local people eat
④ ways in which current Japanese eating trends can be reversed

▶▶ 解答 本冊 P.147

B You are preparing for a presentation. You are using the following passage to create your slides on the Australian shark problem.

Australia is famous for having some of the world's most dangerous animals, including human-killing jellyfish, crocodiles, and snakes. One of the Australian creatures that humans fear most is the shark. Great white sharks can grow up to four meters long and weigh up to 771kg. These sharks are fast, quiet, and strike suddenly from below with a double row of razor-sharp teeth. They can track prey through smell over long distances and, at closer range, use sight or electromagnetism, a type of "sonar." Australia is among the countries with the highest number of shark attacks each year. Over the past 30 years, there have been over 200 recorded shark attacks on humans and 47 deaths. Most of these attacks occurred in the state of New South Wales (NSW) but were not all by great whites. Bull sharks and tiger sharks, which are slightly smaller, were also responsible. Although far more humans are killed yearly by hippos, crocodiles, or even dogs, shark attacks are much more widely feared and covered by the media.

How does Australia reduce the risk of shark attacks? The method most used in the nation is shark nets. Shark nets are placed underwater near beaches where humans swim and these devices trap sharks longer than two meters. These nets were first used in Australia in the 1930s after a high number of fatal shark attacks were recorded. Immediately after shark nets were introduced, the number of shark attacks on humans decreased and this decline continued until the 1960s. The sharp rise in reported shark attacks since then is thought to be due to an increase in the shark population as well as an increase in the popularity of water sports.

Thousands of sharks have been killed since the nets were introduced and, as a result, many nature supporters oppose their use. This is because large sharks are a "keystone species," a creature that has a very wide effect on other animal and plant life in any ecosystem. The experience of NSW clearly shows this effect. Between 1950 and 2008, over 900 great whites and tiger sharks were killed by nets in NSW alone. However, a study on tiger sharks showed that these predators help protect the grass growing on the seabed by limiting the number of sea turtles. Sea turtles feed on sea grass and when their population grows too large, they destroy all of the grass — an important habitat for other marine wildlife. A similar effect can be observed on coral reefs, where tiger sharks help keep the coral reef ecosystem in balance by eating fish that damage coral and marine plants. Moreover, without hunting done by the sharks, coral reefs are more likely to contain too much algae, which can make the water cloudy and eventually kill the reefs. Between attacks from larger fish, algae, and disease, a coral reef — or portions of it — can eventually be converted to simply hardened seafloor. All of this occurred when a keystone species — sharks — were removed. Sharks also keep other marine animal populations healthy by eating old or sick members. This keeps diseases under control and the gene pool healthy. In addition, nets kill not only sharks but also other large marine animals. For instance, about 15,000 dolphins, sea turtles, and other sea life were killed by nets in NSW between 1950 and 2008.

It is easy to understand why humans fear sharks, but ocean ecosystems would collapse without them. Moreover, blocking them from entering any ecosystem could have a chain reaction, affecting all the other marine life. The government in NSW has finally recognized the importance of preserving shark populations and is starting to experiment with other methods to prevent shark attacks. In recent years, drones have been used to observe sharks near beaches and social media has been used to warn swimmers to leave the water. Scientists have also suggested using sound technology to keep large sharks away from beaches.

Removing any species from an ecosystem can sometimes have unexpected and negative results — and this is especially true regarding keystone species. In conclusion, humans must find a way to exist peacefully with sharks. If we continue to kill them, delicately balanced ocean ecosystems such as coral reefs could be lost forever.

Your presentation slides:

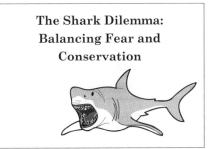

The Shark Dilemma: Balancing Fear and Conservation

1. Basic Information: Sharks

- great whites can grow up to 4 meters long
- hold a double row of teeth
- ☐ 42

<table>
<tr><td>

2. Preventing Shark Attacks

・shark nets
  ✓ trapped large sharks
  ✓ reduced shark attacks
  ✓ opposed by some people

</td><td>

3. Secrets to Keystone Species

・ 43
・ 44

</td></tr>
<tr><td>

4. Reason to Use Drones and Social Media

・ 45

</td><td>

5. Final Statement

46

</td></tr>
</table>

問 1　Which of the following should you **not** include for　42 ?

① attack from below
② prefer human prey
③ smell over long distances
④ swim silently
⑤ track movement

問 2　For the **Secrets to Keystone Species** slide, select two features of coral reef sharks that make them a keystone species. (The order does not matter.)　43 ・ 44

① Nets designed to stop sharks often kill smaller fish.
② Reefs often break apart without large sharks.
③ Sharks help coral reef ecosystems maintain a balance.
④ Sharks prevent humans from damaging coral reefs.
⑤ Turtle and fish populations are limited by shark presence.

問3 For the **Reason to Use Drones and Social Media** slide, what is the appropriate answer? ☐ 45 ☐

① To enforce regulations on fishing practices and protect endangered species.
② To enhance beach safety by providing real-time updates on weather conditions.
③ To facilitate communication among marine biologists and conservationists about biodiversity.
④ To mitigate shark-related risks for those who go to the beaches.
⑤ To notify the lifeguards about the presence of potential threats.
⑥ To spread the information quickly in different languages.

問4 Which is the best statement for the final slide? ☐ 46 ☐

① Coral is a central part of many marine ecosystems. By keeping away dangerous predators, sharks allow coral to gradually combine into reefs over time.
② Coral reefs are being damaged at a worrying rate. The clear solution is to protect them from both sharks and people.
③ Shark attack prevention systems are getting much better. However, they still need much improvement in order to end the conflict between these animals and humans.
④ Shark attacks on people have to be stopped, but that should not be at the cost of losing entire ecosystems that need these predators.

問5 What can be inferred about New South Wales? ☐ 47 ☐

① Beachside development has taken place too fast to preserve coral reefs in that area.
② Few swimmers actually understand the risks of swimming in areas where sharks are commonly found.
③ It is forcing much ocean life away from its main coral reefs for human safety.
④ It is trying to ensure the survival of both coral reefs and human swimmers.

模試にチャレンジ 解答用紙

第1問〜第3問

問題番号（配点）		解答番号	解答欄（①〜⑨）	配点	小計
第1問 (10)	A	1	①②③④⑤⑥⑦⑧⑨	2	/4
		2	①②③④⑤⑥⑦⑧⑨	2	
	B	3	①②③④⑤⑥⑦⑧⑨	2	/6
		4	①②③④⑤⑥⑦⑧⑨	2	
		5	①②③④⑤⑥⑦⑧⑨	2	
第2問：新課程 第B問対応 (22)	A	6	①②③④⑤⑥⑦⑧⑨	2	/10
		7	①②③④⑤⑥⑦⑧⑨	2	
		8	①②③④⑤⑥⑦⑧⑨	2	
		9	①②③④⑤⑥⑦⑧⑨	2	
		10	①②③④⑤⑥⑦⑧⑨	2	
	B	11	①②③④⑤⑥⑦⑧⑨	3	/12
		12	①②③④⑤⑥⑦⑧⑨	3	
		13	①②③④⑤⑥⑦⑧⑨	3	
		14	①②③④⑤⑥⑦⑧⑨	3	
第3問 (8)		15	①②③④⑤⑥⑦⑧⑨	3*	/8
		16	①②③④⑤⑥⑦⑧⑨		
		17	①②③④⑤⑥⑦⑧⑨		
		18	①②③④⑤⑥⑦⑧⑨	2	
		19	①②③④⑤⑥⑦⑧⑨	3	
		20	①②③④⑤⑥⑦⑧⑨		

第4問〜第6問

問題番号（配点）		解答番号	解答欄（①〜⑨）	配点	小計
第4問：新課程 第A問対応 (18)		21	①②③④⑤⑥⑦⑧⑨	3	/18
		22	①②③④⑤⑥⑦⑧⑨	3	
		23-24	①②③④⑤⑥⑦⑧⑨	3*	
		25	①②③④⑤⑥⑦⑧⑨	3	
		26	①②③④⑤⑥⑦⑧⑨	3	
		27	①②③④⑤⑥⑦⑧⑨	3	
第5問 (15)		28	①②③④⑤⑥⑦⑧⑨	3	/15
		29	①②③④⑤⑥⑦⑧⑨	3	
		30	①②③④⑤⑥⑦⑧⑨	3*	
		31	①②③④⑤⑥⑦⑧⑨		
		32	①②③④⑤⑥⑦⑧⑨		
		33	①②③④⑤⑥⑦⑧⑨		
		34	①②③④⑤⑥⑦⑧⑨	3	
		35-36	①②③④⑤⑥⑦⑧⑨	3*	
第6問 (27)	A	37	①②③④⑤⑥⑦⑧⑨	3	/12
		38	①②③④⑤⑥⑦⑧⑨	3	
		39-40	①②③④⑤⑥⑦⑧⑨	3*	
		41	①②③④⑤⑥⑦⑧⑨	3	
	B	42	①②③④⑤⑥⑦⑧⑨	3	/15
		43-44	①②③④⑤⑥⑦⑧⑨	3*	
		45	①②③④⑤⑥⑦⑧⑨	3	
		46	①②③④⑤⑥⑦⑧⑨	3	
		47	①②③④⑤⑥⑦⑧⑨	3	

1　＊は、全部正解の場合のみ点を与える。
2　－（ハイフン）でつながれた正解は、順序を問わない。

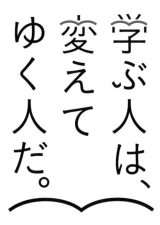

学ぶ人は、
変えて
ゆく人だ。

目の前にある問題はもちろん、

人生の問いや、

社会の課題を自ら見つけ、

挑み続けるために、人は学ぶ。

「学び」で、

少しずつ世界は変えてゆける。

いつでも、どこでも、誰でも、

学ぶことができる世の中へ。

旺文社

共通テスト
英語
リーディング
実戦対策問題集

改訂版

水野 卓 著

旺文社

はじめに

　2021年に導入された大学入試共通テストも安定期ともいうべき時期を迎えました。当初は「それまでの大学入試センター試験からどう変わるのか？それにより高校の授業，指導内容にどう変化が起きるのか？」と関係者一同が固唾を飲んで注目していましたが，安定期を迎えてみると，かつての知識重視から実用能力重視へと舵を切りつつある現在の英語教育の姿をそのまま具現化した試験になっており，評価する声が多いように感じられます。とはいえ，リーディングの問題が実生活に深くかかわった内容・形式の素材から出題される点では試験問題として理想的ではあるものの，受験生の目から見ると，毎年問題の見た目が大きく変わり，さらには短時間で圧倒的な作業量が要求されるため，当然，こうした求めに最短距離で応じられる十分な対策がかつてのセンター試験以上に必要となっているわけです。

　この十分な対策の一環として，受験生のみなさんが，問題を解くことを通じて共通テストの特徴や無駄のない解答作業のプロセス，意識すべきポイントなど，対策の最重要事項を十分に理解できるようにとの思いの下に誕生したのが本書です。本格的な問題演習に臨む一歩手前の段階で，まずは問題の正しい眺め方と解答作業の流れが無理なく身につくよう構成されています。1つひとつの設問の意図を正しく理解し，適切に対処できて初めて得点力は向上します。本書に掲載された問題を解き，解説を読むという最低限の作業を数回行ってください。たったそれだけの努力で，共通テストに対して「あとは演習あるのみ」と大きな自信を手にすることができるでしょう。本書が1人でも多くの受験生の自信の源になってくれることを願っています。

　本書がすべての受験生に対して自信を持って奨められるものとなったのは，作問でご協力いただいた方々と，英語講師としての私をここまで育ててくれたすべての生徒たちのおかげに他なりません。この場をお借りして改めて厚くお礼申し上げます。

水野　卓

も く じ

はじめに……………………………………………………………… 2

本書の使い方／よりよく解説を理解するために…………………… 4

大学入学共通テスト 英語 リーディングの概要と特徴…………… 6

共通テストの特徴に応じたリーディングのスキルとは………………… 7

「模試にチャレンジ」をアプリで学習する………………………… 8

➡ 大問別問題　解答・解説

第1問

A　1st Try …………… 10　　　2nd Try …………… 13

B　1st Try …………… 16　　　2nd Try …………… 20

第2問

A　1st Try …………… 23　　　2nd Try …………… 28

B　1st Try …………… 32　　　2nd Try …………… 37

第3問

A　1st Try …………… 42　　　2nd Try …………… 45

B　1st Try …………… 48　　　2nd Try …………… 52

第4問

　　1st Try …………… 55　　　2nd Try …………… 62

第5問

　　1st Try …………… 67　　　2nd Try …………… 73

第6問

A　1st Try …………… 79　　　2nd Try …………… 84

B　1st Try …………… 89　　　2nd Try …………… 95

新課程入試型

第A問 ………………… 102

第B問 ………………… 109

➡ 模試にチャレンジ

解答一覧……………………………113

第1問～第6問 解答・解説……114

「模試にチャレンジ」は本書オリジナルの問題構成となります。

執筆協力：土居章次郎／株式会社シー・レップス／株式会社 CPI Japan　編集協力：株式会社シー・レップス　校正：山本知子／Jason A. Chau／Nadia Mckecnie　装丁・本文デザイン：内津 剛（及川真咲デザイン事務所）　イラスト・図版：駿高泰子／株式会社シー・レップス　編集担当：栗本有紗

本書の使い方

　本書は，「大学入学共通テスト」（以下，「共通テスト」）の形式に慣れ，実戦力をつけるための問題集です。各問題の出題形式を知り，その効率的な解法を習得したうえで，仕上げとして模試で実力確認ができます。

※本書の内容は，2024 年 6 月現在の情報に基づいています。

別冊（問題）

　本書に掲載されている問題は，すべて共通テストの傾向分析に基づいて作られたオリジナル問題です。

▶▶ 1st Try / 2nd Try

　「共通テスト　リーディング」で出題される**大問別の構成**です。短く易しい英文から段階的に語数が増え難易度も上がります。

　1st Try，2nd Try と同じ形式を 2 回続けて解くことで，**それぞれの英文と設問の特徴に応じた取り組み方**をつかむことができるようになっています。

▶▶ 模試にチャレンジ

　共通テストに準拠した問題 1 セット分で，実力を確認することができます。解答の際は，別冊の巻末の解答用紙を活用しましょう。また，「模試にチャレンジ」は，カンタンに自動採点ができる公式アプリ「学びの友」に対応しています。詳しくは本冊 8 ページをご覧ください。

> 本書の「模試にチャレンジ」は，独立行政法人 大学入学センターから発表された「令和 7 年度試験の問題作成の方向性，試作問題等」を参考にしています。ここでは『英語（リーディング）』の試作問題をもとに作成したオリジナルの問題を本書独自の予測で取り入れたテスト構成および配点になっています。実際の試験内容と異なる可能性があることを予めご了承ください。

模試

解答用紙

1st Try，2nd Try の順に，解答と英文の全訳と英文中の語句解説，そして各問いの解説を掲載しています。また，特徴的な問いに対して問いのねらいと解法のポイントを解説します。

各問いには，★1つから5つまでの5段階のレベル表示がついています。自分の解答結果と照らし合わせて参考にしてください。

よりよく解説を理解するために

「共通テスト　リーディング」において得点力を上げるためには，「正解につながる情報をいかに効率よく見つけるか」がポイントとなります。本書の解説はこの「効率のよい情報検索のしかた」を徹底して解説しています。

解説中のマークはそれぞれ次のような意味を示しています。

Keys for Search

英文中に正解を探す手がかりとなる語句のこと。各問いの設問文や選択肢中の英語等から抜き出すことができる。「検索キー」とも表す。

Areas for Search

正解につながる情報を探すべき場所のこと。Keys for Search が書かれている場所を探し，その周辺に正解を求める。

Fact or Opinion?

選択肢の内容が，「事実なのか誰かの意見なのか」「正しい内容かどうか」を英文の内容に照らし合わせて判断し，選択肢を分類する方法。

Image Approach

英文中の難度の高い語句や表現に対して，前後の内容から「プラスイメージ（肯定的）」「マイナスイメージ（否定的)」を判断する方法。

In Short

英文全体を一言にまとめる，つまり要約すること。

Sketch

英文を段落ごとに要約して表すことで論の展開を大きくとらえること（"sketch" には「概略」という意味がある）。

記号一覧
動…動詞　名…名詞　形…形容詞　副…副詞　前…前置詞　接…接続詞　熟…熟語

大学入学共通テスト 英語 リーディングの概要と特徴

　「共通テスト」は，各大学の個別試験に先立って（あるいはその代わりに）実施される，全国共通のテストです。国公立大学志望者のほぼすべて，私立大学志望者の多くが，このテストを受験することになります。

　2024 年に行われた「大学入学共通テスト」における「英語　リーディング」テストは，80 分で 6 つの大問を解く構成（全問マーク式の解答形式）で，以下のような特徴がありました。

▼大学入学共通テスト（令和 6 年度・2024 年実施）　英語 リーディングの構成

大問		設問数	分野	語数（程度）	難易度
1	A	2	情報の読み取り （チラシや案内文）	150〜300	やや易
	B	3			やや易
2	A	5	情報の読み取り （説明文とコメントやウェブサイト）	200〜300	標準
	B	5			標準
3	A	2	情報の読み取り （ウェブサイトや新聞記事）	200〜300	やや易
	B	3			標準
4		5	資料情報読み取り（記事とアンケート資料）	500〜700	標準
5		5	長文読解　（物語文）	600〜1000	標準
6	A	4	長文読解　（説明文）	600〜1000	やや難
	B	5	長文読解　（説明文）		やや難

※問題のレベルは大学入試センター発表の CEFR レベルを置き換えたもの。A1 ＝易，A2 ＝標準，B1 ＝やや難としている。

特徴①　総語数が 6,000 語を超えるボリューム

特徴②　さまざまなタイプの英文が出題される

特徴③　英文タイプに応じた特徴的な問いが出される

　　　　例　英文の内容を指示された観点で整理する：「事実か意見か」「共通か単独か」「時系列に並べられるか」

　　　　例　英文の内容を要約する

共通テストの特徴に応じたリーディングのスキルとは

最も重要なのは，圧倒的な文章量に対する対策です。つまり，
- ・集中力を切らさずに
- ・一定の速さで
- ・難しい語句や文構造があっても前後の内容をつなげて

最後まで読み切ることのできる，「リーディングのスタミナ」を鍛えることが大切です。

論説文や物語に加え，ホームページなどの各種資料が読解素材として加わり，他の試験では目にする機会がないような設問が含まれますが，テスト対策の初期段階では特別に意識する必要はありません。すべては十分なリーディングのスタミナがあってこその話になります。

▶▶ 速読力をつけるには？

英文を速く読めるようになるには，「速く読む訓練」が必要です。共通テストはハードルがかなり高めに設定されており，**1分あたり最低90語（できれば120語）を読み進める力**が求められています。90語というのはごく普通の英文テキストでは6〜8行に当たりますので，この行数を意識しつつトレーニングするとよいでしょう。ただし，いたずらに読む速度のみを求めるのではなく，まずは1分6行の速度で**正しく内容を把握する**トレーニングから始めるようにしましょう。

▶▶ 情報検索力をつけるには？

問題演習を繰り返すことにより形式に慣れることがいちばんの解決策ですが，「**問題のねらいを理解する**」ことも重要な要素の1つです。問題には決まった形式があり，文章の構成や展開のしかた，また各設問の設計には共通点が多くあります。こうした共通点を本書で把握することによって，効率のよい読み方・解き方が身についていきます。

むやみやたらな問題演習におちいることがないよう，**正しい視点に支えられた解答作業のプロセス**を本書で習得しましょう。

「模試にチャレンジ」をアプリで学習する

　本書の「模試にチャレンジ」（別冊 73 ページ）は，公式アプリ「学びの友」でカンタンに自動採点することができます。

▶▶ 便利な自動採点機能で学習結果がすぐにわかる
▶▶ 学習履歴から間違えた問題を抽出して解き直しができる
▶▶ 学習記録カレンダーで自分のがんばりを可視化

① 「学びの友」公式サイトにアクセス

https://manatomo.obunsha.co.jp/	Ｑ　学びの友　検索

　▶右の 2 次元コードからもアクセスできます。

② アプリを起動後，「旺文社まなび ID」に会員登録

　▶会員登録は無料です。

③ アプリ内のライブラリより本書を選び，「追加」ボタンをタップ

　▶ iOS／Android 端末，Web ブラウザよりご利用いただけます。
　▶アプリの動作環境については「学びの友」公式サイトをご参照ください。なお，本アプリは無料でご利用いただけます。
　▶詳しいご利用方法は「学びの友」公式サイト，あるいはアプリ内ヘルプをご参照ください。
　▶本サービスは予告なく終了することがあります。

1st/2nd Tryの
解答と解説

解説中のマークについて

Keys for Search

英文中に正解を探す手がかりとなる語句のこと。各問いの設問文や選択肢中の英語等から抜き出すことができる。「検索キー」とも表す。

Areas for Search

正解につながる情報を探すべき場所のこと。Keys for Search が書かれている場所を探し，その周辺に正解を求める。

Fact or Opinion?

選択肢の内容が，「事実なのか誰かの意見なのか」「正しい内容かどうか」を英文の内容に照らし合わせて判断し，選択肢を分類する方法。

Image Approach

英文中の難度の高い語句や表現に対して，前後の内容から「プラスイメージ（肯定的）」「マイナスイメージ（否定的）」を判断する方法。

In Short

英文全体を一言にまとめる，つまり要約すること。

Sketch

英文を段落ごとに要約して表すことで論の展開を大きくとらえること（"sketch" には「概略」という意味がある）。

1st

▶▶ 問題 別冊 P.4

解答

A

問1	1	②
問2	2	②

英文の訳

あなたはアメリカ合衆国に留学中で，校外学習活動として，2つの公演から1つを選んで見に行く必要があります。先生からこのファイルが添付されたメールが送られてきます。

土曜日の公演

キャッスルシアター 『ファミリー・タイズ』	プレミー音楽ホール 『ここ，あそこ，どこ？』
批評家絶賛 親について深く考えさせられる舞台劇	観客評価5つ星中5 笑いの絶えないワイルド・コメディ
★午後6時開演です（午後8時に小休憩） ★午後9時30分からのレセプションで，ドラマの原作者に会う機会があります ★公演中は携帯電話の電源をお切りください	★午後7時開演 ★上演前に2階ボールルームでドリンクとスナックを無料サービス ★乳幼児はご遠慮ください

指示：どちらのイベントに参加を希望しますか？　下記の必要事項を記入して先生にメールを返信してください。

1つ選んでください：（　）『ファミリー・タイズ』　　（　）『ここ，あそこ，どこ？』

名前：＿＿＿＿＿＿＿＿＿＿＿＿＿＿＿＿＿＿

メールアドレス：＿＿＿＿＿＿＿＿＿＿＿＿＿＿＿

□ この書類を印刷するにはここをクリックしてください。

チケット代は学校から支払われます。

語　句

field trip activity 熟 校外学習活動	audience rating 熟 観客評価
performance 名 公演	serve ~ free
attachment 名 添付ファイル	熟 ～(食事など)を無料で出す
meet 動 ～に会う	infant 名 乳児
reception 名 レセプション，宴会	fill out ~ 熟 ～に記入する

解　説

問1 ★☆☆☆

訳 添付ファイルを読んだ後，何をしなければならないか。 ⬚1

① どちらを選んだかを先生に説明し，オンラインで支払う。

② **必要事項を記入して返信する。**

③ チケット料金を確認し，フォームを更新する。

④ どちらかを選んでからプリントアウトする。

📎 **問いのねらい**　必要な情報を探すことができるか

解法のポイント

設問文，選択肢から探すべき情報につながる言葉を「検索キー」として設定し，本文中から検索する。どの言葉を検索キーに設定するかが解法のカギとなる。

☞「検索キー」設定の基本パターン

■設問文から設定する

（例）○○は ⬚ と東京駅に買い物に行きたいと思っている。
　☞「東京駅」を英文中から検索し該当箇所の周辺から正解情報を特定する。

■選択肢から設定する

（例）① Mary　② Emily　③ Catharine　④ Rebecca
　☞ 4つすべてを検索キーとする。本文中にこれらが現れる度に，周囲の内容を確認し，正解情報を特定する。

Keys for Search はどこから設定すればいいか？

検索キーは選択肢から設定する。ただし，①の「オンライン支払」，②の「記入・返信」，③の「フォーム更新」，④の「プリントアウト」よりも，設問文中の What are you supposed to do, つまり「先生が何を指示しているか」を探すほうが圧倒的に効率がいい。本文中に命令文があれば間違いなくそれが先生の指示であると考えられ，そこに正解情報が現れるはずである。

Keys for Search は「言葉そのもの」ではなく「内容」で検索。

2つの公演の説明の後，先生からの Instructions がある。これがつまり What are you supposed to do である。Fill out the information below and email it back to your teacher. はそのまま② を表していることから② が正解。

問2　★☆☆☆☆

訳　両方の公演について正しいものはどれか。 ⬚2⬚
①　観客の携帯電話は音が鳴らないように設定しなければならない。
②　ショーの評価が高い。
③　2時間に一度観客は小休憩がある。
④　幼い子供は観覧できない。

解説

Keys for Search

①「携帯電話」，②「評価」，③「休憩」，④「幼い子供」。

Areas for Search

2つの公演の説明。

①と③について触れているのは『ファミリー・タイズ』のみ，④は『ここ，あそこ，どこ？』のみ。②についてのみ Praised by critics, 5/5-star audience rating で両方に共通して述べられている。正解は②。

2nd

解 答

A

問1	1	④
問2	2	①

英文の訳

あなたはチェスクラブのメンバーです。クラブは毎週土曜日の午後2時に，普段はユニバーシティセンターで開かれます。クラブの会長であるジェフからメールが届きました。

チェスクラブメンバーのみなさんへ，

　ユニバーシティセンターが今週末メンテナンスのために閉鎖されるそうです。従って，今週の土曜日，クラブはユニバーシティセンターではなく，カフェ・モーツァルトで開催することとします。また，クラブが始まる前に，ユニバーシティセンターからカフェ・モーツァルトにチェスの道具を運んでくれる人が数名必要になります。お手伝いくださるようでしたら，午後1時30分頃，クラブのロッカー前で待ち合わせをお願いします。私が鍵を持ってそこにいます。

　カフェ・モーツァルトはすてきな場所ですし，コーヒーもとてもおいしいです。ぜひお友だちを誘って，ご一緒にどうぞ。コーヒー代金，最初の1杯分はクラブが持ちますとお伝えください！

では。
ジェフ

語 句

meet 動 会合を持つ[が開かれる]，集まる	volunteer 名 ボランティア
president 名 (クラブなどの)会長	help out 熟 手を貸す
close 動 ～を閉じる	excellent 形 すばらしい
maintenance 名 メンテナンス	be on 人 熟 (人)が支払いを負担する
instead of ～ 熟 ～の代わりに，～ではなく	

問1　★☆☆☆☆

訳　ジェフは 1 を伝えたいと思っている。

① 次回のクラブの集まりに出席するにはお金がいくらかかるか

② 次回のクラブの集まりにあなたが持ってくる必要があるもの

③ 次回のクラブの集まりがいつあるか

④ **次回のクラブの集まりがどこであるか**

解法のポイント

☞ **検索キーをどこから設定するかが解答作業の効率を大きく左右する。**
設問文からか，それとも選択肢からか。選択肢なら「各選択肢から1つずつキーを設定する」のか，それとも「共通するキーを1つ見つける」のかをよく考えること。
設問ごとに最も効率よく作業ができるキーを設定することを意識する。

解　説

Keys for Search

検索キーは選択肢から設定する。ただし，①の「**金額**」，②の「**持ち物**」，③の「**いつ**」，④の「**どこで**」よりも，すべての選択肢に共通して現れる **the next club meeting** を探すほうが，圧倒的に効率がいい。本文中に the next club meeting があれば，間違いなくその周囲に正解情報が現れると予想される。

Areas for Search

本文第2文に this Saturday, the club will meet とあり，これがつまり the next club meeting のことである。続いて at Café Mozart instead of the University Center と，場所の変更を示す内容がきていることから，このメールはジェフがこのことを知らせるために出したものであることがわかる。正解は④。

問2　★☆☆☆☆

訳　ジェフはまた，ユニバーシティセンターからカフェ・モーツァルトにチェスの道具を運ぶために　2　に手伝ってもらいたいと思っている。

① チェスクラブのメンバー数名
② チェスクラブのメンバー数名とその友人
③ ユニバーシティセンターのメンバー全員
④ カフェ・モーツァルトのスタッフ

解説

Keys for Search

設問文中の「センターからカフェにチェスを運ぶ」。

Areas for Search

全体。

設問文中の表現 carry chess sets from the University Center to Café Mozart がほぼそのまま本文第3文にヒット。直前に need a few volunteers と書かれており，続く文の先頭に If you can help out とあることから，呼びかけの対象が members of the Chess Club であることがわかる。正解は ①。

Column　リーディング力アップのための Q&A ①

Q. 単語集の上手な使い方がわかりません。どう使えばいいですか？

A.「知識の質」より「知識の量」を重視しましょう。

☞単語集を使う目的は，知らない単語の数を減らすこと，つまり「知っている単語の数を増やすこと」が何よりも優先されます。単語集には，1つの単語に対して複数の語義や派生語や例文など，さまざまな情報がついていますが，まずは覚えることを「1語1訳に限定」し，とにかく「単語集を1冊最後まで読み通す」ことを心がけましょう。語義の2番目以降や派生語などは，「知っている単語の数」を増やしてから取り組むのでも遅くはありません。

1st

▶▶ 問題 別冊 P.8

解答

B

	問1	3	④	問2	4	④
	問3	5	②			

英文の訳

あなたは住んでいる市の英語サイトを見ていて，おもしろいお知らせを見つけました。

ボランティア募集：
世界の子供たちが集う夏のスポーツキャンプ

スポーツキャンプについて：

　市はこの夏，子供たちにスポーツを楽しんでもらうさまざまな機会をご提供いたしますが，その中の1つに「世界の子供たちが集う夏のスポーツキャンプ」があります。この催しでは，さまざまな国から来た少年少女が一堂に集い，いろいろなスポーツに触れて楽しんでもらいます。10歳未満の子供は親子で参加することもできます。指導されるスポーツはバスケットボール，サッカー，柔道，水泳です。

ボランティア募集！

　現在，このイベントに協力していただける学生ボランティアを募集中です。指導は英語と日本語の両方で行われます。種目ごとに，英語と日本語のバイリンガルであるコーチがつきますので，ボランティアのみなさんの主な仕事は子供たちと一緒に競技をしていただくことです。これらの種目のうち1つ以上の経験者の方のご応募をお待ちしております。

キャンプスケジュール：

8月1日	バスケットボール	市営体育館	午前9時〜午後12時
8月2日	サッカー	第1競技場*	午前9時〜午後12時
8月3日	柔道**	市営体育館	午後3時〜午後6時
8月4日	水泳	市営スイミングプール*	午後3時〜午後6時

　*雨天の場合，開催場所は市営体育館に変更となります。
　**柔道着を持参してください。

応募には**ここ**をクリックしてください。締め切りは6月30日午後5時です。
▲詳細は www.xxx.yyy-city.gov/events/intl-summer-camp/ まで。

語 句

opportunity	名 機会		

第1段落

provide 動 ～を提供する
a variety of ～ 熟 さまざまな～
accompany 動 ～と一緒に行く

第2段落

look for ～ 熟 ～を求める
bilingual 形 2言語を話す
apply for ～ 熟 ～に申し込む

スケジュール

field 名 競技場
location 名 場所

解 説

問1　★★☆☆☆

訳 このお知らせの目的は □3□ を見つけることである。
　① 各種目のバイリンガルのコーチ
　② スポーツキャンプの参加者
　③ 英語で指導できる人々
　④ スポーツを手伝える学生

📎 問いのねらい　求められている情報が書かれている箇所を限定できるか

解法のポイント

ウェブページ，広告，掲示文は視覚的に内容の構成を把握しやすい。設問文・選択肢から設定した検索キーに加えて，「**検索対象エリアを狭く限定**」させることで解答の効率を上げる。

☞ **設問内容から検索エリアを限定する方法**

タイトル

About the camp:
We need volunteers!
The camp schedule:
注

←設問が「参加するのは誰？」ならココが検索エリア。

←「何を募集している？」ならココが検索エリア。

←「○○が行われるのはいつ？」ならココが検索エリア。

←「注」や「補足」が解答にかかわる設問もある。

Keys for Search に加えて Areas for Search を設定。

検索キーは選択肢から①「バイリンガルのコーチ」, ②「参加者」, ③「英語で指導」, ④「手伝い」。

一方で, 本文は(i)「キャンプの紹介」(About the camp), (ii)「ボランティア募集」(We need volunteers!), (iii)「スケジュール」(The camp schedule) の3部構成。お知らせの目的は「○○を見つけること」だから, 検索エリアは(ii)である。

Areas for Search にて Keys for Search の内容を丹念に検索。

「どんなボランティアなのか」を把握できればよい。(ii)「ボランティア募集」の中で第3文 We will have an English-Japanese bilingual coach for each sport, so your main job will be to play sports with kids. が根拠。ここからボランティアの仕事が「コーチ」ではなく「子供たちのスポーツの相手」であることがわかる。正解は④。

問2　★★☆☆☆

訳　このイベントでは, 4 。

① 多くの国から子供たちが毎年参加している
② 10歳を超えた子供は参加できない
③ さまざまな国から来たコーチが少年少女を指導する
④ 4種類のスポーツの指導がされる

解説

Keys for Search

①「毎年」, ②「10歳」, ③「コーチ＝多国籍」, ④「4種類」。

Areas for Search

(i)「キャンプの紹介」。

キャンプについては第1文に this summer とあるだけで「毎年実施されている」とは書かれていないため ① は不正解。続いて第3文で A child under 10 については can be accompanied by his or her parent「親の同伴可」と説明されているが, 「10歳を超えると不可」とは書かれておらず, ② も不正解。from many different countries は「参加する子供たち」でありコーチではないため ③ も不正解。正解は ④。

問3　★★☆☆☆

訳　このスケジュールから　5　とわかる。

① すべての競技は同じ場所で実施されるように計画されている

② すべての競技は室内で実施されるかもしれない

③ 一部の競技は同じ日に実施される

④ 一部の競技は夜に始まる

解説

Keys for Search

①・②「**場所**」，③・④「**日程**」。

Areas for Search

(iii)「**スケジュール**」。

スケジュールを見れば，4種目はすべて別の日であり，遅くとも午後6時には終了する。従って，③・④はともに不正解。会場が3か所あることもすぐにわかるので①も不正解。正解②の根拠は最後の注意書きの1つ目，If it rains, the location will be moved to the City Gym. に書かれている。

2nd

▶▶ 問題 別冊 P.10

解　答

B

問1	3	①	問2	4	④
問3	5	②			

英文の訳

あなたは住んでいる市の英語サイトを見ていて，おもしろいお知らせを見つけました。

夏休みオープンカレッジ講座：
「英語で学ぶ初級フランス語」
市の生涯学習プログラム，高校生も対象

　コース：　初級フランス語
　日程：　　7月18日～8月29日（木曜日午後6:30～8:00）
　場所：　　市立大学　アオキメモリアルホール　205号室

この講座は初級者向けであり，テキストに掲載されたフランス語のすべての単語には英訳がついています。ですからフランス語の予備知識は一切必要ありませんが，講座が英語で指導されることは注意してください。この講座で講師を務めるセリーヌ・ボネ博士はアメリカの高校で20年にわたってフランス語を教えた経験があり，またこれまで限られた英語のスキルしか持たない移民の学生を数多く教えていらっしゃいます。この講座に参加するには，通常日本の中学校で学ぶ程度の基礎的な英語力が必要です。

講座スケジュール：	
レッスン1：	講座の概要説明，あいさつ，自己紹介など
レッスン2：	質問してみる
レッスン3：	日々の出来事や生活情報
レッスン4：	お店・レストランで
レッスン5：	いろんな気持ちを表現する
レッスン6：	フランス映画観賞会
レッスン7：	復習ミニテスト

＊受講料　￥10,000（教材費￥2,000が含まれます。）
＊レッスン4は同じ建物の1階にあるカフェ，シトロンで行われます。軽食代（￥500）が当日徴収されます。

詳細は<u>オンラインカタログ</u>をご覧ください。

語 句

life-long	形 生涯の	typically	副 一般的に
open to ～	熟 ～に対して公開の	greeting	名 あいさつ
translation	名 訳	review	名 復習
prior	形 前もっての	fee	名 料金
note	動 ～に注意[注目]する	material	名 資料
expect	動 ～を期待する	collect	動 ～を集める

解 説

問1 ★☆☆☆☆

訳 このお知らせの目的は ⌷ 3 ⌷ 人々を見つけることである。

① いくらかの英語の知識を持っており，別の言語を学びたい

② フランスに住み，英語を教えた経験がある

③ 高校の英語の授業の成績を上げたい

④ 日本に住む英語のネイティブにフランス語を教えたい

解説

Keys for Search

①「英語・別の言語」，②「フランスに住んだ」，③「成績」，④「教える」，あたりを確認。

Areas for Search

お知らせは３部構成で，(i)「講座の基本情報」，(ii)「紹介」，(iii)「スケジュールと注」。
知りたいのは「お知らせの対象」だから，(i)「基本情報」から探す。

タイトルが "FRENCH FOR BEGINNERS, TAUGHT IN ENGLISH"，それに(ii)「紹介」の第２文や最終文に「要英語力」が強調されていることから，正解が ① であることを判断するのは容易だろう。

問2 ★★☆☆☆

訳 このコースでは ⌷ 4 ⌷ 。

① フランス人が生徒たちを手助けしてくれる

② 生徒はアメリカ人の元大学教授に教えてもらう

③ 生徒は教材を一切使用しない

④ 教師は日本人を教えるのにあまり苦労しないかもしれない

解法のポイント

☞ 設問内容から「どこを検索すればいいか」を素早く限定する。

21

①「フランス人アシスタント」，②「元大学教授」，③「教材」，④「教師」。

Areas for Search

選択肢の内容から，問われているのはこのコースの「具体的内容」だから，各検索キーは，本文中の(ⅱ)「紹介」部分から検索すればよいことがわかる。

①については何も述べられておらず不正解。②は「大学」の記述がどこにもなく不正解。③「教材」については第1文の中で every French word in the textbook has an English translation と「テキスト」が登場することから使用されることがわかる。従って不正解。④「教師」については，第3文に she has also taught many immigrant students whose English skills were limited と書かれており，「英語のスキルが限られた移民を多く教えてきた」，つまり外国人への指導経験が豊富であることが謳われている。これが根拠となって④が正解になる。

問3　★★☆☆☆
訳　生徒は　5　。
　①　この講座に合計で 12,000 円支払う
　②　**受講料の他にいくらかお金を支払う**
　③　この講座でたくさんのフランス語の文法問題を解く
　④　講座期間中すべての講義を 205 号室で受講する

解説

Keys for Search
①・②「料金」，③「内容」，④「場所」についてチェック。

Areas for Search
(ⅲ)「スケジュールと注」。

①は，受講者が支払うのは受講料の 10,000 円に加えて軽食代 500 円の合計 10,500 円であり不正解。The materials fee「教材費」は受講料に含まれていることが注に記されている。正解は②で，注の2つ目に Lesson 4 の講義の際に，会場となる Citron で Snack Fee「軽食代」が徴収されることが記されている。③の講座の「内容」については，(ⅲ)「スケジュール」を見れば初級講座であり全体が軽めの内容であることがわかり，「たくさんの文法問題」を思わせる記述はない。従って③も不正解。④「場所」については，(ⅰ)「基本情報」の Room 205 に加えて，(ⅲ)「注」に Lesson 4 will be given at Citron と別の場所でも行われることが示されている。従って不正解。

第2問

1st

▶▶ 問題 別冊 P.12

解答

A

問1	6	③
問2	7	④
問3	8	③
問4	9	③
問5	10	①

英文の訳

あなたは大学生活をスタートさせる準備を進めています。大学近くのワンルームのアパートに引っ越しを済ませ，今度は冷蔵庫を買わなくてはいけません。今日，あるウェブサイトで，あなたはよさそうな冷蔵庫を見つけました。

OBN FRDG-2S　140リットル2ドア冷蔵庫

$199.99　　　　　　　　　　　　　　　　　　　　　　　　　　王文電気

★★★★☆　164件のカスタマーレビュー

当社のベストセラー冷蔵庫！

大学生にピッタリ！

　この冷蔵庫は，2リットルのボトルや缶入り炭酸飲料から要冷凍の品まで，さまざまなものを収納できるように作られています。本体はコンパクトで4色から選ぶことができ，いかなる小さなアパートやオフィスにも最適です。

仕様 ---

サイズ - コンパクト	**エネルギー効率：**
タイプ - 2ドア	推定稼働コスト（電気代）
カラー - ホワイト／シルバー／ブラック／レッド	夏：$8／月
2リットルのボトルを収納可能な冷蔵室のドアポケット	春・秋：$4／月
大きめのフリーザー	冬：$3／月

カスタマー評価とレビュー：

101 ブルーデビル　★★★★☆

　私は大学生で，学内の寮に住んでいます。前に使っていた冷蔵庫がたった1年使っただけで壊れてしまったので，この冷蔵庫を購入しました。すごく冷えますし，飲み物もアイスもたくさん入れておけます。それにとても静かです。今のところ，すごく気に入っています。卒業まで持てばそのときに星5つです！

エックスロングホーン07　★★★★★

　ブラックの外観のカッコいいデザインで，部屋にピッタリです。小型ですが，私が必要なものはすべて入ります。家で頻繁に料理するのでなければ，これで十分です！

語　句

need to *do*	熟 ～する必要がある	operating cost	熟 稼働コスト
refrigerator / fridge	名 冷蔵庫	dormitory	名 寮
hold	動 ～を収納できる	previous	形 以前の
stay	動 ～のままでいる[ある]	run	動 動く
frozen	形 凍った	so far	熟 今までのところ
make it perfect	熟 それを完璧にする	last	動 長持ちする
feature	名 特徴	exterior	名 外観
storage	名 収容力，保存量	fit	動 ぴったり合う
energy efficiency	熟 エネルギー効率	yet	接 それでもなお
estimate	動 ～を推定する	all you need	熟 必要なすべて

解　説

問1　★★☆☆☆

訳　ウェブサイトによると，この冷蔵庫について正しいものはどれか。　　6

① 冬には稼働コストがよりかかる。

② フリーザーがついていない。

③ **ボトルのためのスペースがある。**

④ 色は黒だけである。

解説

Keys for Search

①「コスト」，②「フリーザー」，③「ボトル」，④「黒」。

Areas for Search

ウェブサイトは(i)「商品の紹介」，(ii)「商品の仕様」，(iii)「カスタマーレビュー」の3部構成。(ii)「仕様」が中心になると予想でき，その予想通り Winter: $3 per month から①，Good-sized freezer から②，White / Silver / Black / Red から④ がいずれも不正解であることがわかる。Door-pocket storage for 2-liter bottles で③が正解。

問2　★★★☆☆

訳　もしこの冷蔵庫が四季を通して気候が変化する都市で使用されたら，1年間でかか
る電気代は　7　になると予想される。

① 約 20 ドル
② 約 45 ドル
③ 約 50 ドル
④ 約 60 ドル

解説

Keys for Search

「金額」。

Areas for Search

(ⅱ)「商品の仕様」。

春夏秋冬をそれぞれ3か月ずつと考えれば，「夏・春・秋・冬」の順に（8＋4＋4＋
3)×3で合計57ドル。正解は④。

問3　★★☆☆☆

訳　購入者の1人である101ブルーデビルさんがこの冷蔵庫に星を5つつけていないの
は，　8　からである。

① すでに壊れてしまった
② 音がとてもうるさい
③ 長く使えるかどうかわからない
④ 大きな不満がないだけだ

解説

Keys for Search

①「壊れた」，②「うるさい」，③「長く使える？」，④「不満なし」。

Areas for Search

カスタマーレビュー中，101_Blue_Devil のコメント。

最終文の If it lasts until I graduate, I will give it five stars then! から，「どれだけ長
く使えるか」を重要視していることがわかる。その点についてはまだ評価する時期にき
ていないということなので，正解は③。

問4　★★★☆☆

訳　このウェブサイトによれば，この冷蔵庫に関する1つの**事実**は　9　であるということである。

① 3リットルのボトルを冷蔵可能
② 男子学生に理想的
③ この会社のベストセラー冷蔵庫
④ とても静か

📎**問いのねらい**　事実と意見を区別できるか

解法のポイント

事前に選択肢を「客観情報＝事実」と「主観情報＝意見」に分別するのがカギ。正しく分別した後，求められているほうの選択肢内容を資料内から検索する。

「事実」とは，まず「数値で示せるもの」と覚えておく。「意見」とは，書き手や登場人物の考えや推測ととれるもののことである。

☞fact「事実」か opinion「意見」かはこう考える！

選択肢 {
　客観情報（＝事実） { 本文に書かれている ➡ （事実を選ぶなら）正解
　　　　　　　　　　　本文の内容に反する／書かれていない
　　　　　　　　　　　　　　　　　　　　　　　　➡不正解
　主観情報（＝意見） { 本文に書かれている ➡ （意見を選ぶなら）正解
　　　　　　　　　　　本文の内容に反する／書かれていない
　　　　　　　　　　　　　　　　　　　　　　　　➡不正解
}

解説

Fact or Opinion?

各選択肢は「客観＝事実」か？　それとも「主観＝意見」か？

① 「冷蔵できる」　　＝客観＝事実
② 「理想的」　　　　＝主観＝意見
③ 「ベストセラー」＝客観＝事実
④ 「静か」　　　　　＝主観＝意見

求められているのは事実だから①または③。

Areas for Search

2つの選択肢の内容はどこに書かれているか？

本文中の検索エリアは(i)「商品の紹介」（Our Best Seller in Refrigerators! 以下）または，(ii)「商品の仕様」（Features 以下）のいずれかと考えて間違いないだろう。従ってそこを重点的に検索する。① は「紹介」に from 2-liter bottles and soda cans, to items that need to stay frozen とあるが，これは「2 リットルのボトルや缶入り炭酸飲料から要冷凍の品まで」の意味であり，選択肢の内容と合わない。「仕様」には Door-pocket storage for 2-liter bottles「2 リットルのボトルを収納可能なドアポケット」とはっきり書かれており，正解判断に問題はないだろう。③「ベストセラー」をサーチすると「紹介」冒頭に Our Best Seller in Refrigerators! とある。正解は③。

問 5　★★★☆☆

訳　このウェブサイトによれば，この冷蔵庫に関する 1 つの**意見**は　10　ということである。

① デザインがすてきだ
② 家庭用よりオフィスでの利用に向いている
③ 星 4 つの評価をした人が 1 人いる
④ 外観がブラックのものを選択できる

解説

Fact or Opinion?

選択肢を「客観＝事実」と「主観＝意見」に分別。
①「デザインがいい」＝主観＝意見，②「向いている」＝主観＝意見，
③「した人がいる」＝客観＝事実，④「選択可能」＝客観＝事実。
意見を述べている選択肢は① と②。カスタマーレビューを中心にどちらが正解かを判断する。Ex_Longhorn_07 のコメントに The cool design という「意見」があることから正解は① である。② については述べられていない。

2nd

A

問 1	6	①
問 2	7	④
問 3	8	④
問 4	9	②
問 5	10	②

英文の訳

海外で休暇中のあなたは，地元のガイドつきツアーに参加してみようと思っています。
あるウェブサイトで，よさそうなものを見つけました。

イルカと一緒にシュノーケリング：1日ガイドつきツアー（少人数）
$100

このツアーでは，熟練したガイドとともに，イルカと一緒に熱帯の海を泳ぎます。我
が社で最も人気のツアーの1つであり，ご満足いただけると確信しています！

ツアー内容に含まれているもの：

☑シュノーケルセット　　☑バイリンガルの熟練ガイド（英語／スペイン語）
☑ホテルへの無料送迎　　☑昼食（$20追加で特上へアップグレード可能）
☑お飲み物（ソフトドリンク・水）

注記：

最低年齢：8歳
最少催行人数：3名
最大催行人数：10名
環境税：$10（ツアー料金には含まれていません）
サービス料：ツアー最終料金の10%
悪天候や参加者不足のためツアーがキャンセルされた場合，別の日程でご参加い
ただくか，または料金を全額返金させていただきます。

68件のカスタマーレビュー

ラブ＿＿トラベリング＿＿86　2019年8月
　今までで最高にエキサイティングな経験の1つでした！　海はきれいだし，ガイド
さんはすばらしかったし，お昼ご飯も豪華！（追加料金20ドルを払ってアップグ

28

レードしました。）ボートはちょっとキツかったんですけど，出してくれた船酔いのお薬がよく効きました。

モリタ＿ファミリー＿ハローワールド　2019年7月

透明な水がすばらしくて，イルカだけじゃなく，ジンベエザメやマンタも見ることができました。昼食はそこそこ，でもそれ以外はすべてが最高以上でした！　妻も私も大満足，子供たちはそれ以上でした。最高にオススメです！

語　句

snorkel	動 シュノーケリングをする	rough	形 荒っぽい
pickup	名 送迎	awesome	形 すばらしい
upgrade	動 アップグレードする	whale shark	熟 ジンベエザメ
premium	形 高品質な	manta ray	熟 マンタ
note	名 通知，注記	～ as well	熟 ～もまた
minimum	形 最小限の	cannot *do* enough	
refund	名 返金		熟 いくら～しても十分ではない
		highly	副 大いに評価して

解　説

問1　★★☆☆☆

訳　ウェブサイトによると，このツアーについて正しいものはどれか。　6

① 子供たちもツアーに参加できる。
② ダイビングの経験が豊富な人々向けだ。
③ 参加者数は3人までに制限されている。
④ 天気が悪くてもツアーは継続する。

解説

Keys for Search

①「子供」，②「経験」，③「参加者数」，④「天気」。

Areas for Search

(i)「ツアーの紹介」，(ii)「詳細」，そして(iii)「カスタマーレビュー」の3部構成。

(ii)「詳細」が中心になる。

Minimum age: 8 から ① が正解。同エリアより，③ は Minimum number of participants: 3 から，④ は If the tour is canceled due to bad weather からいずれも不正解であることがわかる。② については明確に述べられていないものの，8歳から参加できるツアーは初心者 OK と考えられるだろう。

問2　★★★☆☆

訳　客がよりおいしい昼食を頼む場合は，このツアーの合計金額は 1 人あたり　7　だろう。

① 100 ドル　　② 122 ドル　　③ 132 ドル　　④ **142 ドル**

解説

Keys for Search

「金額」。

Areas for Search

(ⅱ)「詳細」に書かれた金額を追う。

基本料金 100 ドルにランチのアップグレード 20 ドルで 120 ドルがツアー料金となる。この金額の 10% が Tip として必要になるためこれを加えて 132 ドル，さらに Environmental tax が 10 ドル加わって 142 ドル。正解は④。ちなみにランチのアップグレードが望ましいことは，カスタマーレビューの内容から判断できる。

問3　★★☆☆☆

訳　このツアーのよいところの 1 つは　8　ということである。

① アジアの言語でのガイドが保証されている
② 追加のお金を払えば昼食が提供される
③ 参加者がプライベートボートを借りられる
④ **ツアー会社のスタッフがホテルに迎えに来てくれる**

解説

Keys for Search

①「**アジアの言語**」，②「**昼食**」，③「**プライベートボート**」，④「**迎えあり**」。

Areas for Search

第 1 候補は(ⅱ)「**詳細**」。**第 2 候補は**(ⅲ)「**カスタマーレビュー**」。

Included に目をやればどうやらここだけで解答できそうだとわかる。expert guide が話すのは英語とスペイン語だから①は不正解。次に現れる Free hotel pickup から正解は④。注意すべきは②で，昼食は追加料金なしで提供される。20 ドル追加で「特上へアップグレード」である。早合点しないよう注意しよう。

問4　★★★☆☆

訳　このウェブサイトで，このツアーに関する 1 つの**事実**は　9　ということである。

① 子供のいる家族はツアーをとても楽しめるだろう
② **以前参加した人が船酔いにかかって薬を飲んだ**
③ ツアーの対象は英語が話せる人だけだ
④ もっと楽しむために友だちを連れて行くべきだ

> **解法のポイント**
> ☞ 事前に各選択肢を「客観情報＝事実」と「主観情報＝意見」に分
> 別し，求められているほうの内容のみを検索する。

解説

Fact or Opinion?

① 「楽しめるだろう」＝主観＝意見，② 「飲んだ」＝客観＝事実，③ 「英語が話せる人だ
け」＝客観＝事実，④ 「連れて行くべき」＝主観＝意見。求められているのは事実なので
① と ④ は不正解。② と ③ についてだけ検索すればよい。

検索キーは② 「薬」，③ 「英語」。本文の検索エリアは，(ⅱ) 「詳細」(Included 以下) およ
び(ⅲ) 「カスタマーレビュー」に限定できる。「詳細」を検索すると，Bilingual expert
guide (English / Spanish) とあり，スペイン語話者にも対応しているので③ は不正解。
「カスタマーレビュー」では，Love_Traveling_86 のコメントの最終文に The boat ride
was a little bit rough, but the seasickness medicine they gave me was very
effective. とあることから，正解は② になる。

問5 ★★★☆☆

訳 このウェブサイトで，このツアーに関する１つの**意見**は ☐ 10 ☐ ということである。

① ツアーは参加者が十分集まらなければ中止される
② **人々は間違いなくこのツアーを気に入るだろう**
③ このツアーは誰に対しても勧められるというものではない
④ 必ずジンベエザメやマンタが見られる

解説

Fact or Opinion?

選択肢を「客観＝事実」と「主観＝意見」に分別。
①「集まらなければ中止」＝客観＝事実，②「気に入るだろう」＝主観＝意見，
③「万人には勧められていない」＝主観＝意見，④「必ず見られる」＝客観＝事実。

Keys for Search

②「気に入る」，③「オススメ」。

Areas for Search

(ⅰ) 「紹介」と(ⅲ) 「カスタマーレビュー」。

「紹介」第２文に This is one of our most popular tours, and we are sure you will
love it! とあり，さらに「カスタマーレビュー」では Morita_Family_HelloWorld が I
cannot recommend this tour highly enough. と述べている。正解は② である。

1st

▸▸ 問題 別冊 P.16

解 答

B

問1	11	③	問2	12	①
問3	13	④	問4	14	④
問5	15	④			

英文の訳

英語の先生があなたに次の授業で行う討論の準備に役立つ記事をくれました。この記事の一部と，それについてのコメントの１つが以下に示してあります。

日本のキャッシュレス化

ジョージ・パワーズ，東京
2019年7月2日　午前11時31分

　日本政府は2018年4月，キャッシュレス決済システムを促進するために「キャッシュレスビジョン」を発表しました。現在，日本ではキャッシュレス決済利用の割合は約20%ですが，政府はこの割合を，大阪万博が開催される2025年までに40%に引き上げようとしています。

　この報告は，キャッシュレス決済システムが店舗やレストランにおける仕事の量を減らすことで，労働力不足の問題を解決する一助となると述べています。また，現金の代わりにデジタルマネーを使用することで，政府がより効率的に税を徴収する助けにもなります。その上，キャッシュレス決済システムは，より安全性が高く，ボーダーレスである（つまり海外からの観光客が簡単に支払いを行うことができる）とも考えられています。

　しかしながら，これにはさまざまな問題点や懸念もあります。あるファイナンシャル・テクノロジー・エンジニアはこう語っています。「キャッシュレス社会には，プライバシーは事実上存在しません。システムはあなたが何を，いつどこで買うかを記録します。そして記録されたデータは，銀行，クレジットカード会社，そしておそらく政府と共有されることになるでしょう。気味が悪いですよ」また，デジタルマネーは一般に（現金に比べ）安全性が高いと考えられているものの，それは電力供給が安定しているときに限って当てはまるのです。つまり，例えば自然災害などが，ものすごい数の人々を一瞬にして経済的大混乱へと陥れてしまうことも考えられるのです。

32

61件のコメントがあります

最新のコメント

ヤマムラ・メグミ 2019年7月2日 午後8時31分

キャッシュレス決済システムは大企業と政府にとってよいだけです。私は東京の郊外で小さなレストランを経営しており，今，さまざまなキャッシュレス決済方式を受け入れています。残念ながら，キャッシュレスで決済される度に私がクレジットカード会社に手数料を支払っているだけのことなのです！

語 句

cashless	形 現金不要の	borderless	形 境界のない
第1段落		**第3段落**	
release	動 ～を公表する	concern	名 懸念
promote	動 ～を促進する	financial	形 金銭的な
payment	名 支払い，決済	virtually	副 事実上
ratio of ～	熟 ～の割合	privacy	名 プライバシー
expo (exposition)	名 博覧会	share	動 ～を共有する
第2段落		stable	形 安定した
reduce	動 ～を減らす	supply	名 供給
thus	副 従って	natural disaster	熟 自然災害
labor	名 労働(力)	instantly	副 ただちに
shortage	名 不足	throw ～ into ...	熟 ～を…に陥れる
cash	名 現金	chaos	名 大混乱
help ～ (to) do	熟 ～が…するのを助ける	**コメント**	
tax	名 税金	suburb	名 郊外
efficiently	副 効率的に	accept	動 ～を受け入れる
moreover	副 その上	option	名 選択肢
be considered ～	熟 ～だと考えられている	unfortunately	副 残念なことに

解 説

問1 ★★☆☆

訳 記事によれば，日本政府は 11 ようとしている。

① 2025年までにキャッシュレス決済方法の利用を40パーセントに減少させ

② 万博までに新しいキャッシュレス技術を開発し

③ **2025年までにキャッシュレス決済利用の割合を2倍にし**

④ 万博前にキャッシュレス決済利用の割合を40パーセント増加させ

Keys for Search

選択肢で使用されている「2025」や「40%」,「万博」。

Areas for Search

記事は,第1段落「話題」,第2段落「賛成意見」,第3段落「反対意見」の構成。

従って,この問いのサーチ対象は第1段落。

まず,第1段落第2文に現在の日本のキャッシュレス決済の割合が20%だとある。そして同じ文の後半に trying to increase the ratio to 40 percent by 2025, when the World Expo is held in Osaka とある。③ が正解。④ は現状から40%増加するということだから60%になる。by 40 percent の〈by＋数値〉は「〜だけ,〜の差で」の意味。

問2　★★★☆☆

訳　あなたのチームは「日本はキャッシュレス社会になるべきだ」という討論の議題を支持する。この記事の中で,あなたのチームに役立つ1つの**意見**は　12　というものである。

① キャッシュレスシステムは労働者不足の問題を解決する助けになるかもしれない

② キャッシュレスシステムへの依存は,現金の使用に比べ,必ずしも安全性が高いとは限らない

③ 政府はキャッシュレスシステムがなければ税を効果的に徴収することができない

④ 利用者はキャッシュレス決済方法を利用すればお金をいくらか節約することができる

解説

Fact or Opinion?

選択肢を「客観＝事実」と「主観＝意見」に分別。

①「助けになるかもしれない」＝主観＝意見,②「高いとは限らない」＝主観＝意見,

③「徴収できない」＝客観＝事実,④「節約できる」＝客観＝事実。

意見を述べているのは①と②(②は事実の可能性もある。どれだけ明確な根拠があるかで決まる)なので,2つが正解候補。求められているのは「日本はキャッシュレス社会になるべき」を支持する意見であり,キャッシュレス＝プラスの立場。① はキャッシュレス＝プラス,② はキャッシュレス＝マイナスの選択肢になっている。正解は①。

問3　★★★☆☆

訳　もう1つのチームはこの議題に反対する。この記事の中で,そのチームに役立つ1つの**意見**は　13　というものである。

① デジタル決済のための新たな技術を開発したほうがよい

② 停電中でも利用可能な[耐えられる]キャッシュレスシステムを作りあげることができる

③ 旅行者だけがキャッシュレス社会の恩恵を受けられる

④ キャッシュレス社会ではプライバシーが守られないかもしれない

解説

Fact or Opinion?

選択肢を「客観＝事実」と「主観＝意見」に分別。
① 「開発したほうがよい」＝主観＝意見，② 「作りあげることができる」＝客観＝事実，
③ 「恩恵を受けられる」＝客観＝事実，④ 「守られないかも」＝主観＝意見。
意見を述べている選択肢は① と④ の2つ。① はデジタル決済のための新たな技術を提案しており，つまり「キャッシュレス決済賛成」の立場。第3段落第2文 You will have virtually no privacy in a cashless society. と一致する④ が正解である。

問4　★★★☆☆

訳　記事の第3段落で，"That is spooky" とは状況が　14　ということを意味している。
　① 筆者にとって快適である
　② 裕福な人々にとって好ましくない
　③ 筆者に安心感を与える
　④ **筆者に不安を感じさせる**

解説

Image Approach

知らない単語の「イメージ」を前後から推測。
主語の That が指しているのは直前の内容，つまり「個人情報が銀行，カード会社，政府に共有される」こと。これはキャッシュレス化に反対する根拠である。ここから spooky は「マイナス」イメージとわかる。選択肢の中で「マイナス」イメージを持つものは②と④ の2つだが② については述べられていない。従って④ が正解。
なお，spooky とは「薄気味悪い」という意味である。

問5　★★★☆☆

訳　コメントによると，ヤマムラ・メグミは政府がキャッシュレス決済システムを促進することに　15　。
　① 特定の意見を持っていない
　② 部分的に賛成である
　③ 強く賛成である
　④ **強く反対である**

解法のポイント

コメントの各文の内容をそれぞれ，「賛成」「反対」「どちらでもない」に分別する。さらに，「要するに……」と意見の傾向をまとめる。

☞ **In Short「要するに」の考え方**

あるテーマに対するコメントの各文の内容を「賛成」「反対」「どちらでもない」に分別し，それらの組み合わせで意見の傾向を判断する。

（例）文が3つの場合   In Short（意見の傾向）

文①賛成—————	文②賛成—————	文③賛成	➡強く賛成
文①賛成—————	文②どちらでもない—	文③賛成	➡強く賛成
文①賛成—————	文②どちらでもない—	文③どちらでもない	➡部分的に賛成
文①どちらでもない—	文②どちらでもない—	文③賛成	➡部分的に賛成
文①どちらでもない—	文②どちらでもない—	文③どちらでもない	➡特定の意見なし

これ以外のパターンは考える必要はない。「反対」の場合も同様。

解説

各文の内容について「賛成」「反対」「どちらでもない」を確認。

①Cashless payment systems are only good for large companies and the government.

②I run a small restaurant in a suburb of Tokyo and now accept various cashless payment options.

③Unfortunately, all it does is make me pay a fee to a credit card company every time a cashless payment is made!

第1文 only good for large companies and the government は「反対」の内容。第2文は「どちらでもない」内容。最終文 all it does is make me pay a fee は「反対」の内容。

In Short にまとめる。

反対➡どちらでもない➡反対，という流れになっている。従って，In Short は「強く反対」である。正解は④。

2nd

▶▶ 問題 別冊 P.18

解 答

B

問1	11	②
問2	12	①
問3	13	④
問4	14	①
問5	15	③

英文の訳

あなたは生徒会のメンバーです。メンバーは，生徒の社会的スキル向上の一助となるためのプロジェクトについて話し合っています。アイデアを得るために，あなたはある学校のチャレンジについてのレポートを読んでいます。日本の他の学校で学んだ交換留学生が書いたものです。

ライブ・トーク・チャレンジ

　ほとんどの学生は，主にテキストメッセージやメールで互いにコミュニケーションをとっています。しかし社会科学者の中には，このことが若者の会話力や友だちを作る能力を失わせる原因となっていると言う人もいます。私は，学生たちがもっと直接，あるいはせめて電話で話せば，会話力と社会的スキルの両方を向上させることができるのではないかと思うようになりました。そのため私たちはこのチャレンジを立ち上げたのです。参加した生徒たちは，オンラインのスプレッドシートに毎日記入しなければなりませんでした。1日に何分間，（直接，または電話で）話をしたかをリストにする必要がありました。3月19日から3月21日にかけて，合計200人の生徒が参加しました。学年を示した生徒のうち，約3分の1が3年生，4分の1が1年生，そして約4分の1が2年生でした。どうしてこれほど多くの3年生が参加してくれたのでしょうか。その答えは下記にあるようです。

参加者からのフィードバック

ST： このプログラムのおかげで，人と話す力に自信がつきました——見知らぬ人ととさえもです！　オンラインフォームにデータを入力するのも簡単でした。

KR： 会話力を向上させたいと思っている他のクラスメイトを何人か知っていました。でも，彼らはあまりにも恥ずかしがり屋なので，このチャレンジには参加しませんでした。このプログラムはこのような学生たちに手を差し伸べる必要があります。

MO：私のような３年生の多くは，すでにとても多くの社会的スキルを失っていると
　　　思います。だから，私たちは本当にこのようなチャレンジに参加する必要があ
　　　ります。
RF： 私は実際人と直接会うのが好きなんです。だから，このプログラムはとても気
　　　に入りました！　よりコミュニケーションが楽しいと思うようになりました。
JL： １年生として，どうすれば自信を持って話せるようになるのか今後のプログラ
　　　ムでアドバイスをもらえるよう期待しています。

語　句

student council	熟 生徒会	complete	動 ～を仕上げる
第１段落		period	名 期間
text	名 テキストメッセージ	フィードバック	
social scientist	熟 社会科学者	gain	動 ～を得る
launch		confidence	名 自信
動 ～を立ち上げる，～を開始する		ability	名 能力
participate	動 参加する	reach out to ～	熟 ～に手を差し伸べる

解　説

問１　★★☆☆☆

訳　ライブ・トーク・チャレンジの目的は，学生たちが　11　手伝いをすることだ。

① 最もよく話す人々を知る
② **前よりも頻繁に話をする**
③ 会議でおしゃべりをして時間を無駄にすることをやめる
④ 他の人に上手な話し方を教える

解説

Keys for Search

設問文の「目的」を検索。選択肢は軽く眺めれば OK。

Areas for Search

イベントの説明は〈どんな主旨のイベントなのか（＝目的）→どんなイベントなのか
（＝詳細）→どうだったのか（＝結果）〉の順が基本。「目的」が冒頭付近にくることは
十分に予測可能。

紹介文の第４文，for that reason が見つかれば，直前に述べられた内容が解答情報で
あることがわかる。正解は②。

38

問2　★★★☆☆

訳　ライブ・トーク・チャレンジに関する1つの**事実**は 12 というものである。

① 参加者の3分の1未満が1年生だった
② それが開催されたのは，1年のうち数か月間だった
③ 本プログラム終了までに多くの学生が脱落した
④ 参加者の4分の1をはるかに超える人が2年生だった

解説

Fact or Opinion?

4つの選択肢はすべて「事実」を述べたもの。

Keys for Search

ごくオーソドックスに各選択肢からそれぞれ検索キーを設定。
①「1年生の数」，②「開催期間」，③「脱落」，④「2年生の数」になる。

Areas for Search

「目的」の後，実際に行われたチャレンジの内容説明部分に集中する。登場順に，まず②について第7文に the March 19-March 21 period とあることから不正解。続く第8文の one-fourth were first-year students から「1年生」が3分の1未満であるとわかる。正解は①。④については直後に about one-fourth とあるが，これは「4分の1を上回る」の意味にならないため不正解。③への言及はない。

問3　★★☆☆☆

訳　フィードバックから， 13 は参加者から報告された効果だ。

A：見知らぬ人に礼儀正しく振る舞うようになったこと
B：積極的に会話に参加するようになったこと
C：以前よりもはるかに自信がついたこと
D：放課後に直接会うようになったこと

① AとB　　② AとC　　③ AとD
④ **BとC**　　⑤ BとD　　⑥ CとD

解説

Keys for Search

解答形式が「2つの正解内容を特定」する設問。作業プロセスに変化はないので，A〜Dからそれぞれ検索キーを設定して特定のエリアから検索する。
A「見知らぬ人＋礼儀正しく振る舞う」，B「会話に参加」，C「自信」，D「放課後」。

Areas for Search

フィードバック。
ST から順にていねいに照合する。ST の gained a lot more confidence ... に C が一致。KR, MO をスルー，RF に It has made me find more pleasure in communicating. とあり，これが B の内容に一致する。正解は④。

訳 ライブ・トーク・チャレンジに関する参加者の意見の1つに 14 ということがある。

① もっと多くの生徒とつながるべきだった
② 非常に多くの人がおしゃべりに時間をかけすぎている
③ 社会的スキルの向上にはもっと時間が必要だ
④ チャレンジの結果がはっきりしなかった

解説

Keys for Search

①「多くの生徒＋つながる」, ②「時間＋かけすぎ」, ③「スキル向上＋時間」, ④「結果」。

Areas for Search

フィードバック。

問われているのが「参加者の意見」なのでフィードバック以外にない。問3と同様, ST から順にていねいに照合。ST にはどのキーもヒットせず。続く KR の other classmates who ... から全体, 特に最終文の The program must reach out to students like these. の内容を確認したうえで① が正解とわかる。自信がなければ検索をそのまま継続, MO, RF とも②, ③, ④ いずれの内容にも一致しないと判断できる。最後の JL では, I hope 以下に「解答情報っぽい」内容は現れるものの, future programs や advice について述べた選択肢はない。正解が① であることをあらためて確認して終了。

問5　★★★☆☆

訳　筆者の疑問は | 15 | によって解答されている。

① JL　　② KR　　③ **MO**　　④ RF　　⑤ ST

解 説

Keys for Search

「筆者の疑問」→「疑問中に現れる特徴的語句」の2段階。

Areas for Search

「筆者の疑問」＝ライブ・トーク・チャレンジ内容説明。

「特徴的語句」＝フィードバック。

「疑問」がわからなければ「誰が答えているか」がわかるはずがない。そこでまず，ライブ・トーク・チャレンジについての内容説明段落から「疑問」を検索すると，段落末尾にある Why did so many seniors participate? がその内容であることがわかる。次にここから新たな検索キーを設定すればこれは「（たくさんの）3年生＋参加」になることは明らか。「3年生」についてフィードバックで触れられているのは MO のみ。participate という語も確認できる。正解は③。

第2問

1st

▶▶ 問題 別冊 P.20

解 答

A

| 問1 | 16 | ① | 問2 | 17 | ② |

英文の訳

アメリカ合衆国の大学に通う日本人交換留学生が書いたブログで，あなたは以下の記事を見つけました。

アメリカンスタイルの和食

9月15日（日）

僕がアメリカ合衆国に着いて3週間が経った。
今日，僕は大学で見つけた和食について書きたいと思う。

テリヤキチキン

テリヤキは日本ではありふれた調理法だが，アメリカの普通の大学の食堂で"teriyaki"という言葉を聞くとは思ってもみなかった。だから，誰かがテリヤキチキンを注文しているのが聞こえたとき，驚いて僕もそれを注文することにした。料理は確かにテリヤキチキンだが，調理の仕方が違うことがわかった。初めにチキンをグリルで焼いて，その後，上からいわゆる「テリヤキソース」をかけるのだ。日本人の中にはこれをテリヤキと呼びたくない人もいるかもしれないが，味はすごくよかった。後で僕は，今アメリカ合衆国では"teriyaki"がとても人気だということを知ったのだった。

インスタントラーメン

ここではたいていのスーパーでインスタントラーメンを見つけることができて，僕のいる寮でも夜食として人気がある。でも，これも調理法が違う。

アメリカ人の中には「本物の」和食のほうがいいという人もいる。実際，かなりの数のアメリカ人が本物の和食がどんなものかを知っている。でも，多くの人は「アメリカ流」が実際的だと感じているようだし，出来上がった料理にも満足している。僕はそういう姿を心から尊敬している。

語 句

第1段落

come across 〜	熟	〜を偶然見つける

第2段落

method	名	方法
ordinary	形	普通の
for *oneself*	熟	自分のために，自分で
It turns out (that) ...	熟	…だと判明する
indeed	副	確かに
grill	動	〜をグリルで焼く
put 〜 on top	熟	〜を上にのせる
refuse to *do*	熟	〜したがらない

call 〜 ...	熟	〜を…と呼ぶ
pretty	副	とても，非常に

第3段落

late-night snack	熟	夜食

第4段落

in fact	熟	実際に
quite a few 〜	熟	かなり多数の〜
seem to *do*	熟	〜する[である]らしい
find 〜 ...	熟	〜を…だと感じる
happy with 〜	熟	〜に満足して

解 説

問 1 ★★★☆☆

訳 この大学の食堂では， 16 。

① テリヤキチキンを作るために特別なソースが使われていた

② インスタントラーメンが夕食に提供されている

③ 本物の和食のほうが好まれている

④ 日本人学生の中にはテリヤキチキンを食べようとしなかった人もいる

解説

Keys for Search

設問文中の「大学の食堂」。

Areas for Search

設問が「大学の食堂」に限られているため，サーチエリアは Chicken Teriyaki の段落のみ。

テリヤキの段落の第4文，put what they call "a teriyaki sauce" on top が根拠。正解は① である。直後の第5文には「日本人の中には…」と④ に関連すると思われる記述があるが，あくまで might refuse「呼ぶのを拒むかもしれない」（＝筆者の意見）であり，「食べるのを拒んだ学生もいる」と事実として書かれた④ は不正解。

問 2 ★★★☆☆

訳 このブログから 17 ことがわかる。

① アメリカ人の大半は「アメリカ風の」和食に満足していない

② 寮に住む学生はスープなしのインスタントラーメンを食べている

③ このブログの筆者は3か月前にアメリカ合衆国に来た

④ このブログの筆者は食堂のテリヤキチキンをおいしいと思わなかった

Keys for Search

① 「アメリカ風和食」，② 「ラーメン」，③ 「3 か月」，④ 「テリヤキの味」。

Areas for Search

全体。

① は本文の最後付近に many people seem to find "the American way" practical and are happy with the resulting dishes と書かれていることから不正解。ラーメンの段落に入り第 2 文で「調理法が違う」と書かれた次にイラストがある。このイラストが根拠となり，正解は ② である。この問題ではイラストが正解判断に絡んでくることを知っておかなくてはならない。記事の冒頭の It has been three weeks since I arrived in the United States. から ③ は不正解。テリヤキの段落の最後付近にある it tasted pretty good から ④ も不正解。

Column リーディング力アップのための Q&A ②

Q. 共通テストには文法の問題がありませんが，文法の勉強もやったほうがいいですか？

A. やらなければいけません。

☞ リーディング力を上げるために，受験生がまず取り組まなければならないことは，文法知識と語彙知識を頭に入れることです。共通テストで出題されないからといって，取り組まないという選択肢は，受験生にとってはあり得ません。「読みやすい参考書」と「基礎レベルで学習項目や問題形式のバランスがとれた問題集」を使って，基本事項をしっかりマスターしてください。

2nd

▸▸ 問題 別冊 P.22

解答

A

問1	16	②
問2	17	①

英文の訳

あなたはシカゴのスティントク大学で学んでいます。間もなく2学期が始まろうとしており，準備のためにあなたは大学新聞のアドバイスコラムを読んでいます。

授業ノートをもっとうまく取れるようになりたければ，これを読みましょう！

　こんにちは，メーガンです。コーネルノートを使ってノートを取るスキルを向上させた経験を共有したいと思います。ノートを取ることは授業や教科書の内容を完全に理解したか確認するためにとても重要です。私は前学期の間，コーネルノート方式を使ってうまくノートを取ることができました。この方式は，授業や教科書の内容を整理するための明確な構造を提供してくれます。正しく使えれば，情報を記憶し，テストや宿題，授業でよりよい成果を上げられるすばらしいツールです。

　コーネルノートは，ノートのページを次の4つのセクションに分けることになっています。一番上にタイトルと日付を記入するための細い長方形，ページの左側の部分には要点を書くための細い「キュー・コラム」の長方形，ページの右側の部分に要点を細かく書くための大きな「ノート欄」の長方形，そしてページの一番下にある細い「サマリー」の長方形には一般的な概念や疑問，キーワードなどを書き込みます。しょっちゅう消したり書き換えたりしなくてはならないことも考えられるので，鉛筆を使いましょう。

　私は講義中，あるいは教科書を読みながらノートの適切なセクションに情報を書き込んでいます。理解できたかどうかを自分でチェックしたいときは，詳細と要約を書いたセクションを隠して要点のセクションを見ます。細かい内容をすべてうまく思い出せれば，題材をマスターしたことになりますよね。あなたもこの方法でノートを取るスキルを向上させて授業でいい成果を得られるよう願っています。

---

semester	名 学期	coursework	名 授業とその課題

第1段落

note-taking skill	熟 ノートを取る技術［スキル］
make sure that ...	熟 …ということを確認する
method	名 方式
offer	動 ～を提供する
structure	名 構造
organize	動 ～を整理する

第2段落

divide ～ into ...	熟 ～を…に分ける
rectangle	名 長方形
general	形 一般的な
concept	名 概念

第3段落

lecture	名 講義
proper	形 適切な
cover up ～	熟 ～を隠す

解　説

問1　★★☆☆☆

訳　メーガンのアドバイスに従えば，ノートのページをどのように分けるべきか。

16

① タイトル　Title ／ 日付　Date
Note-taking Area　ノート欄／ Cue Column　キュー・コラム
Summaries　サマリー

② タイトル　Title ／ 日付　Date
Cue Column　キュー・コラム／ Note-taking Area　ノート欄
Summaries　サマリー

③ タイトル　Title ／ 日付　Date
Cue Column　キュー・コラム／ Note-taking Area　ノート欄
Summaries　サマリー

④ タイトル　Title ／ 日付　Date
Note-taking Area　ノート欄／ Cue Column　キュー・コラム
Summaries　サマリー

解説

Keys for Search

各イラスト中の表現＋位置関係や大きさ（「上下」「左右」「大小」）を表す言葉。

Areas for Search

コーネルノートの「構成」＝第2段落。

本文は(i)コーネルノートの「紹介」，(ii)「構成」，(iii)「使用上のコツ」の3段落。検索範囲を第2段落に集中する。a thin "cue column" rectangle on the left part ... と a large "note-taking" rectangle on the right part ... を選択肢と落ち着いて照らし合わせて正解は②。

問2　★★☆☆☆

訳　メーガンによると，自分で理解をチェックする最適な方法は　17　である。

① ページを部分的に隠して細部を思い出すこと
② ノートを閉じて知識を思い出すこと
③ 何冊かのノートに書いた要点を暗記すること
④ 教科書のすべての章を復習すること

解説

Keys for Search

選択肢から検索キーを設定するなら①「隠す」，②「閉じる」，③「何冊かのノート」，④「教科書＋復習」。

ただし設問文中の self-quiz のほうが圧倒的にラク。

Areas for Search

コーネルノートの「使用上のコツ」＝第3段落。

self-quiz で一発検索。第3段落第2文，To self-quiz, I just cover up the details and summaries sections が決め手となり正解は①。なお，第2文 and then ～第3文にかけて，recalling details について述べられていることも確認できる。

1st

▸▸ 問題 別冊 P.24

解 答

B

問1	18	②
	19	③
	20	④
	21	①
問2	22	②
問3	23	②

英文の訳

あなたはある「海外就労」に関するウェブサイトで以下の話を見つけました。

外履きの靴と内履きのスリッパ

サイトウ・リョウコ（英語教師）

　海外から日本を訪れている方々が覚えておかなくてはならない1つの重要なことは，日本人は人の家に入る前に必ず靴を脱ぐということです。しかし，イギリス出身の英語指導助手ケイト・ジョーンズが発見したように，レストランでの靴のルールはもう少し複雑なこともあります。ケイトは私たちの中学校に1年間赴任して英語を教えていました。新しい仕事を始めることに神経質になっていましたが，彼女は日本とイギリスの間にあるあらゆる文化の違いを知ることを楽しみにしていました。彼女は最初，あまり日本語がしゃべれなかったので少し心配でしたが，すぐに他の教師たちと友だちになり，生徒の間でもとても人気者になりました。

　彼女が日本に来て2週間ほどした頃，私たちの町の町長がケイトと私たちの学校の教師を歓迎会に招待してくれました。歓迎会は伝統的な和食店で開かれました。お店に着いたとき，私たちは靴を脱ぎ，みんなで背の低いテーブルに座りました。私たちはいろいろな伝統的な和食を楽しみ，ケイトはそれまで食べたことのなかった多くの料理を口にしました。食事中，ケイトは1人でトイレに立ちました。食事が終わったとき，町長はケイトが日本に来たことを歓迎するスピーチをしました。彼はそれからケイトに，立って自己紹介をするよう求めました。

　ケイトは立ち上がり，部屋の前へと歩いて行き，自己紹介を始めました。突然，みんなが笑い出しました。ケイトは戸惑いました。町長はケイトの足元を指さし，「きみはトイレのスリッパをまだ履いているんだよ！」と言いました。ケイトは自分の間

違いが恥ずかしくなり，町長に謝りました。イギリスに帰った後，ケイトは私に，1年の間，言葉と文化の両方についてたくさんの間違いをしたけれど，その間違いと自分を助けてくれた親切な人々のおかげで，予想以上に日本について多くのことを学んだ，と言いました。

語　句

第1段落

remove	動 〜を脱ぐ
assistant	名 助手，（形容詞的に）補佐する
complicated	形 複雑な
although	接 〜だけれども
nervous	形 神経質な
look forward to 〜	熟 〜を楽しみに待つ
worried	形 心配して
at first	熟 最初は

第2段落

mayor	名 町［市／区］長
invite	動 〜を招待する
welcome party	熟 歓迎会

traditional	形 伝統的な
meal	名 食事
be over	熟 〜が終わる
introduce *oneself*	熟 自己紹介をする

第3段落

puzzled	形 当惑した
point at 〜	熟 〜を指さす
embarrassed	形 恥ずかしい
apologize	動 謝る
thanks to 〜	熟 〜のおかげで
than *one* (had ever) expected	熟 （主語）が（それまでに）予想した以上に，思っていたよりも

解　説

問1　★★☆☆☆

訳　次の出来事（①〜④）を起きた順に並べ替えなさい。

18	→	19	→	20	→	21

① ケイトが自己紹介をした。　　　　　21
② ケイトが靴を脱いで席に着いた。　　18
③ ケイトがトイレに行った。　　　　　19
④ 町長がスピーチをした。　　　　　　20

📎 **問いのねらい** 出来事の順序を読み取れるか？

解法のポイント

選択肢を，本文を読み進める際のナビゲーターとして利用しつつ，本文の展開（＝出来事の順序）を追いかける。選択肢に含まれる出来事を示す表現はすべて名詞＋動詞を中心に本文中に現れることを意識して Keys for Search を特定できれば作業はほぼ終了。

☞ 選択肢中の名詞＋動詞を見極める！

共通する名詞はあまり役に立たないので無視して OK。

① ケイト が自己紹介を した。
② ケイト が靴を脱いで席に着いた。→「2 ついっぺん」をサーチ。
③ ケイト がトイレに行った。
④ 町長が スピーチを した。

ほぼ意味がないので無視して OK。

解説

Keys for Search

上に挙げた各選択肢の中心となる名詞＋動詞。

Areas for Search

「最初から順に」検索キーを追う。

第 1 段落にはキーなし。「靴を脱ぐ」は現れるものの，②の「2 つの出来事がいっぺんに」現れていない。現れるのは第 2 段落第 3 文，つまり②がスタート。同段落第 5 文に③，続く第 6 文に④と，立て続けにキーが現れる。名詞＋動詞への意識が甘くなるとスルーしてしまう危険性があるので要注意。同段落最終文に最後のキーである「自己紹介」が現れ，続く最終段落第 1 文の内容から，①が最後に来ることがわかる。

問2 ★★☆☆☆

訳 ケイトは日本に滞在中 22 に興味があった。

① 生徒の間で人気者になること
② **日本とイギリスの文化の違いについて知ること**
③ 伝統的な和食の作り方を覚えること
④ 日本の靴のルールを身につけること

解説

Keys for Search

設問文中の「ケイトは興味があった」。

Areas for Search

全体。

第1段落第3文中の she was looking forward to ～「彼女は～を楽しみにしていた」がキーにあたる。直後の目的語 discovering all the cultural differences between Japan and the UK が正解情報となり，②を選ぶ。

問3 ★★☆☆☆

訳 この話から，ケイトは 23 ことがわかる。

① 予想よりずっと長く日本に滞在した
② **自分の間違いゆえに日本についてよりよく理解することができたと思っている**
③ 日本語がうまく話せないので，学校でいつも1人だった
④ 町長からお別れパーティーに招待された

解説

Keys for Search

①「長期滞在」，②「日本について多くのこと」，③「日本語」，④「パーティー」。

Areas for Search

全体。

① は本文中に記述なし。② は具体的なシーンについての選択肢ではなく「全体のまとめ」的位置づけであることから，最終段落をサーチ。最終文の she made many mistakes 以降の内容がこの選択肢に一致し，正解となる。③ の did not speak good Japanese に関しては，第1段落最終文がヒットするが，同文後半に but she soon made friends with ... と続く点が③ と異なる。④ は，パーティーのシーンが第2段落第1文から始まることはすぐに思い出せるだろう。同文中の a welcome party を確認して不正解確定。

2nd

▶▶ 問題 別冊 P.26

解 答

B

問1	18	③	19	①	20	④	21	②
問2	22	④						
問3	23	②						

英文の訳

あなたは以下の話をブログ上で見つけました。

現金を贈り物にすること

イケダ・マリコ

　私は現在，アメリカ合衆国で働いて5か月になりますが，その間に一度もパーティーに出かけたことがありません。仕事で仲間と遠出したことは数回ありますが，バースデーパーティーや婚約パーティーや，そういうところには行ったことがないのです。だからこそ，同僚の結婚25周年記念のパーティーに出かけるのがすごく楽しみだったのです。

　私は日本から持ってきた「ご祝儀袋」という名の封筒にいくらか現金を包んでいくことにしました。私の経験では，ここの人々は私が母国より持ってきて分けてあげたものをたいてい喜んでくれたからです。

　私の贈り物はきっと同僚と彼女のご主人に喜んでもらえるだろうと私は思っていたのですが，それを手渡したとき，2人は私が期待したようには反応してくれませんでした。ご祝儀袋を開くと，彼女たちは中に現金が入っているのを見て驚いているようでした。怒ってはいませんでしたが，少しどうしていいかわからないように見えました。私はそれを見てかなりがっかりして，同僚に自分がいけないことをしたのだろうかと尋ねました。彼女は，別にそんなことはないけれど，今まで贈り物として現金を受け取ったことなどなかったので，ただちょっと驚いたのだと言いました。それを聞いて私は少しホッとしました。

　後になって，私はアメリカ人はあまり贈り物として現金を贈ったりしないのだと知りました。私が聞いた理由は，現金を贈るというのはあなたが相手をあまりよく知らないことを示すからだ，というものでした。つまり，相手の好みがわかっていれば，その通りに相手に贈り物を買えばいい，ということです。私はまた，アメリカでは現金よりもギフトカードのほうがいいのだということも知りました。どうやら，自分で決める前に何を贈ったらいいのか誰かに聞けばよかったようです。そんな間違いをしたのが恥ずかしくなって，私は謝るために同僚を探しました。贈り物をするというのはコミュニケーションをとるいい方法です。でも，贈られた人の気持ちを害すること

がないよう，贈り物を選ぶときには相手の文化的背景を考慮しなければならないのです。

語 句

第1段落

outing	名	遠出，旅行
engagement	名	婚約
enthusiastic about ~		
	熟	～に夢中になって
coworker	名	同僚

第3段落

hand ~ over	熟	～を手渡す

respond	動	反応する
mind	動	いやがる
simply	副	単に
calm ~ down	熟	～を落ち着かせる

第4段落

appropriate	形	適切な
apparently	副	どうやら～らしい

解 説

問1 ★★☆☆☆

訳 次の出来事（①～④）を起きた順に並べ替えなさい。

$$\boxed{18} \rightarrow \boxed{19} \rightarrow \boxed{20} \rightarrow \boxed{21}$$

① マリコは日本から何か持っていくことにした。　　　　　　　　19

② マリコはお金よりもギフトカードのほうがよかったのだと学んだ。　21

③ マリコはパーティーに行くのを楽しみにしていた。　　　　　　18

④ 夫婦はマリコの贈り物に困惑した。　　　　　　　　　　　　20

解法のポイント

☞ 選択肢に含まれる名詞＋動詞を意識して本文の展開（＝出来事の順序）を追いかける。

解説

Keys for Search

① マリコは日本から何か持っていくことにした。

② マリコはお金よりもギフトカードのほうがよかったのだと学んだ。

③ マリコはパーティーに行くのを楽しみにしていた。

④ 夫婦はマリコの贈り物に困惑した。

スタートしていきなり第1段落第1文に「パーティー」が現れ，同段落最終文で③が固定。続く第2段落第1文に decided to bring → had brought from Japan とあ

53

り①。第3段落第1文にご祝儀袋を手渡したシーンが描かれていることから，夫婦の反応が間もなく現れることを予想してキーの検索を続けると同段落第3文にconfusedが現れ④。ここまでに「ギフトカード」が出ていないことを確認して②が最後を結論づければよい。「ギフトカード」が現れるのは最終段落第4文。

問2　★★☆☆☆

訳　マリコが贈った物は日本では普通のことと考えられただろうが，アメリカ合衆国では| 22 |と考えられてしまう。

① 若者の間では一般的だ
② 極めて無礼だ
③ 結婚式だけのためのもの
④ **普通ではない**

解説

Keys for Search

①「若者」，②「無礼」，③「結婚式だけ」，④「普通ではない」。

Areas for Search

全体。

①，②，③に関しては本文中に一切述べられていない。第3段落第5文，および最終段落第1～4文から④が正解。

問3　★★☆☆☆

訳　この話から，マリコは| 23 |ことがわかる。

① 同僚が何が好きかがわからなかったので現金を贈ろうと決めた
② **同僚が自分の贈り物を受け取ったとき戸惑いを見せるとは思っていなかった**
③ 結婚パーティーの贈り物に何を買えばいいか考えるのにたいてい苦労する
④ これからは現金と一緒にギフトカードを贈る

解説

Keys for Search

①「決めた理由」，②「戸惑い」，③「いつも苦労」，④「ギフトカード」。

Areas for Search

全体。

「決めた理由」は第2段落最終文，In my experience people here usually enjoyed the things I shared from my home country。従って①は不正解。「贈った」シーンは第3段落第1文。同文後半，but when I handed it over they didn't respond the way I had hopedとあり，続く第2文にsurprised，第3文にconfusedと出てくるのが決め手となり②が正解になる。③は本文中に述べられておらず，④については最終段落第4文に「アメリカ合衆国では現金よりもギフトカードのほうがよい」とあるだけでマリコ自身の話ではないため，ともに不正解。

1st

▶▶ 問題 別冊 P.28

解 答

問1	24	①
問2	25	①
問3	26	②
問4	27	①
	28	③
問5	29	③

英文の訳

あなたは現代の買い物の習慣について調査をしています。以下の2つの記事を見つけました。

現代の買い物の習慣

ジョージ・ハリス

2019年1月

　私たちの買い物の仕方は常に変化しています。例えば，スーパーは1950年代に一般的なものになり始めたに過ぎません。それまで，人々は毎日買い物をしなくてはならず，さまざまな種類の食材を買いにいろんなお店に行かなくてはなりませんでした。例えば，肉ならお肉屋さん，魚介類なら魚屋さん，野菜や果物なら小さな八百屋さんに買いに行っていました。最近では，1週間に1度，車でスーパーに出かけて食料品を買うのが一般的です。中には1か月に1度という人さえいます。

　もちろん，最大の変化は，食品でも衣料品でもそれ以外のものでも，今では実店舗に行かなくてもネットで購入できることです。イギリス政府が行ったある調査によると，2007年には，あらゆる買い物のうちネットショッピングの占める割合はおよそ3%に過ぎませんでした。しかしながら2018年までに，その数字は18%にまで上昇していました。若者だけでなく高齢者も同様にネットで買い物しているのです。最近では，ポケットに入るコンピューターのようなスマートフォンのおかげで，その場ですぐにインターネットにアクセスして何かを購入することがさらに簡単になっています。この動向は今後も続く可能性が高いように思われます。

ネットショッピングはすべての部門で増加しています。このグラフはさまざまな商品カテゴリーについてネットで完結した販売の割合を示しています。食品，飲料，それに化粧品は今でも大半が実店舗で購入されている一方，オフィス用品や電化製品では2016年におよそ3分の1がネットで購入されました。書籍やCDの売上は同年，約4分の1がネット販売によるものでした。

　私は，ネットショッピングは今後も人気が増し続けると考えます。ネットショッピングは便利であるだけでなく，店舗で商品を購入するよりも安いことが多いからです。食品や衣料品をネットで買うと，クレジットカードで支払い，翌日にはその商品を家に届けてもらえます。ネットショッピングは田舎に住んでいる人や，外に出るのが難しい状況にある人にも適しています。21世紀に商売がうまくいくためには，顧客にネットで商品を購入してもらう方法を提供しなければなりません。これは未来のショッピングスタイルです。

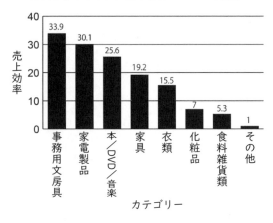

2016年イギリスにおけるEコマースの売上

「現代の買い物の習慣」についての意見

エミリー・ミレン

　店舗ではなくネットで買い物をする傾向は私の仕事に大きな影響を与えています。私のお店を訪れる人は毎年減っており，私の利益もまた減っています。ジョージ・ハリスさんの記事に載っているグラフによれば，私の扱っている商品部門では，ネットでの購入が今ではおよそ4分の1を占めています。そして私もまた，いくつかの理由から，この数字は今後も大きくなり続けると思います。

　ネットでの買い物は便利でしばしばより安いのですが，多くの小規模事業を廃業に追い込んでいます。私の住んでいる町には2010年には書店が5軒ありましたが，今

は1軒だけです。営業を続けられないのは書店だけではありません。CDやおもちゃ，衣料品，文房具を売るお店も影響を受けています。お店がなくなってしまえば，店員も職を失い，お客様も買う前に本物の商品を見たり触ったりする機会を失ってしまいます。多くのお年寄りはネットショッピングにまだ慣れていませんから，お店はそういう地域住民にとって重要です。お店はまた，人と人とのやりとり，コミュニケーションの機会も提供します。

　私は，住んでいる地域がゴーストタウンになってしまわないよう，私たちはお店を守らなければいけないと思います。ネットで買い物をする傾向が続けば私たちの町は空っぽになってしまい，人々は仕事を失い，お客様は買い物の選択肢も人とやりとりする機会も失ってしまいます。

語　句

habit	名 習慣	グラフ	
英文1　第2段落		e-commerce	名 インターネット上で商品
physical	形 実在の		やサービスの売買を行う取引のこと
rise to 〜	熟 〜まで上昇する	stationery	名 文房具
英文1　第3段落		英文2　第1段落	
sector	名 部門	major	形 大きな
office supplies	熟 事務用品	account for 〜	熟 〜（割合）を占める
electronics	名 電子機器	one fourth of 〜	熟 〜の4分の1
a quarter of 〜	熟 〜の4分の1	英文2　第2段落	
英文1　第4段落		lead to 〜	熟 〜につながる
popularity	名 人気	affect	動 〜に影響を及ぼす
		interaction	名 交流

解　説

問1　★★★☆☆

訳　ジョージ・ハリスもエミリー・ミレンも　24　に言及していない。

① クレジットカードを使ってネットで買い物をすることに関する問題点

② ネットショッピングの便利さ

③ ネットショッピングの年齢層による違い

④ ネットショッピングが地域の商売に与える影響

解説

Keys for Search

①「クレジットカード」，②「便利さ」，③「年齢」あるいは「若者」「高齢者」など，④「実店舗」。

2人のオピニオン全体。

George Harris のオピニオン：

最終段落第2文で②がヒット。第3文に「クレジットカード」が登場するものの，「問題点」が述べられた文ではないので①は当てはまらない。

Emily Millen のオピニオン：

第1段落第1, 2文で④がヒット。第2段落に入り，第1文で②と④が同時にヒット。段落最後まで④の話題が続く。最終段落も同様，終始④についての話。第2段落第6文で③にヒット。

以上から，2人とも言及していないのは①。

問2　★★★★☆

訳　エミリー・ミレンはおそらく　25　を売っている。

① **書籍**　　② 衣料品　　③ 文房具　　④ おもちゃ

解説

商品名は直接出てこない。「グラフに関する情報」をサーチする。

Emily Millen のオピニオンをサーチ➡グラフを読む。

Emily Millen のオピニオン中，グラフに関係する情報は第1段落第3文。According to the graph in George Harris's article, online shopping now accounts for about one fourth of sales in my sector. から，商品は約25%がネット販売であることがわかる。グラフを見ると当てはまるのは Books / DVD / Music。従って，正解は①。

問3　★★★☆☆

訳　記事によると，ネットでの買い物は　26　ので客にとってよいものである。（正しい答えの組み合わせを選びなさい。）

　A **店舗で買い物するより安い可能性がある**

　B ネット上でコミュニケーションの機会が得られる

　C **買ったものが直接家に届けられる**

　D 選択肢の数が多い

解説

「ネットショッピング＝プラス」で語られている内容。

Areas for Search

問1の解説中の② 「便利さ」を表していた箇所は,「ネットショッピング＝プラス」と言えるので,そのあたりに注目すると該当エリアは George Harris のオピニオン最終段落と Emily Millen のオピニオン第2段落冒頭のみ。

George Harris は Shopping online is convenient and often cheaper than buying goods in stores. When I buy food or clothes online, I can pay by credit card, and my items are delivered to my home the next day. と述べており,これにあたるＡとＣが正しい。Emily Millen のオピニオンには Although shopping online is convenient and often cheaper としか述べられていないため,ＢとＤは該当しない。よって正解はＡとＣの2つを含む②である。

問4　★★★☆☆

訳　ジョージ・ハリスは | 27 | と述べ,エミリー・ミレンは | 28 | と述べている。(それぞれの空所に対し,異なる選択肢を選びなさい。)

① 企業は現代の買い物の傾向に順応しなければならない　　| 27 |

② 高齢者は未来の買い物の傾向に順応できるようにならなくてはいけない

③ 現代の買い物の傾向は町やコミュニティに悪影響を与える　　| 28 |

④ ネットショッピングは人とのやりとりやコミュニケーションに有用である

⑤ 実店舗はもはやコミュニティにとって重要でない

解説

Keys for Search

①「企業」,②「未来の買い物」,③「コミュニティにマイナス」,④「コミュニケーションにプラス」,⑤「店はいらない」。

Areas for Search

2人のオピニオン全体。

George Harris のオピニオン:

第1〜3段落該当なし,最終段落第5文に In the 21st century, for a business to be successful, it must provide a way for its customers to shop online. とある。従って | 27 | は① が正解。

Emily Millen のオピニオン:

第2段落全体の内容が最大の根拠となって | 28 | には③ が入るが,全段落で「ネットのせいで店舗経営が危機である」ことが主題となっていることは,問1や問3の解答作業から極めてクリアに把握されているだろう。

問5　★★★★☆

訳　現代の買い物習慣に関するエミリー・ミレンの意見をさらに裏づけるのに最も適切な追加情報はどれか。　29

① 将来の買い物はオンラインであることを受け入れるにはどうしたらいいか。
② 高齢者がオンラインで買い物をするのを手助けするにはどうしたらいいか。
③ **地元の店を守るために地域社会に何ができるか。**
④ よりよい割引を見つけるために買い物客に何ができるか。

解説

Keys for Search

①「受け入れる」，②「高齢者」，③「地域」，④「割引」。

Areas for Search

Emily Millen のオピニオン。

これまでの設問解答作業から，最終段落第1文が Emily Millen の立場＝オピニオンを代表するものであることはわかる。正解は③。

Column リーディング力アップのための Q&A ③

Q. 「読めている」と思っても問題を間違えます。どうすればいいですか？

A. 正しく読めていません。正しく読めるようになるための訓練をしましょう。

☞これは，ほとんどの受験生が多かれ少なかれ抱えている悩みです。一言で言ってしまうと身もふたもありませんが，「正しく読めていない」から問題を解くと間違えるのです。ほとんどの場合，**「この文はこういう意味だと思い込み，解釈を間違えたまま軌道修正できない」**ことが原因です。

　こうした悪い癖をなくし正しく読めるようになるために，やることは 1 つだけです。「和訳を書く」ことです。難しい文章である必要はありません。高校の教科書で OK です。1 文ずつていねいに和訳を書いて意味を確かめましょう。この作業が一定量に達したときに，この悩みは解消されます。

▶ 問題 別冊 P.32

解答

問1	24	④	問2	25	①		
問3	26	⑥	問4	27	①	28	③
問5	29	②					

英文の訳

あなたは食べ物を育てることについて調査をしています。以下の2つの記事を見つけました。

パーソナルガーデンとコミュニティガーデン

ニコール・ゴンザレス
2019年2月

　現代世界では，農業で生計を立てている人は以前のどの時代と比べても少ないのです。実際，ほとんどの人は自分が食べている食料が生産されている場所の近くで暮らしてすらいません。人々は農場や牧場から遠く離れて暮らし，食料品店に行ったときしか農産物や肉を目にすることがないのです。こうした状況の中で，中にはこうした流れに逆らって自分が食べるものをせめて少しだけでも自分で育てたいと考えている人々もいます。彼らは家のガーデンで野菜を育てたり，自分の土地で小動物を育てたりしてそれを実践してきました。時にはそうでなく地域の人たちと協力し，もっと大きな共同のガーデンを作ることもあります。こうした共同ガーデンは，地域社会にエネルギーを取り戻すという重要な役割を果たしています。

　こうしたガーデンを作る理由はいくつもあります。ほとんどの人が，ただ単純に趣味としてやっていたり，自然や食べている食品全般と自分がよりつながっていると感じさせてくれる行為だと考えています。自分が住んでいるところでは料理に使うある種の野菜が手に入らず，その野菜をいつでも用意しておきたいと考える人もいます。店で買うよりも自分で育てたほうが経済的という作物もあります。遠くから食品を輸送することで生じる汚染を減らすために，地元産の食品を食べることに関心を持つ人もいます。

　では，個人のホームガーデンや共同のコミュニティガーデンは世界のどの地域で盛んに行われているのでしょう。5か国を調査したところ，こうした行動にはいくつかのパターンがあることが明らかになっています。一般に，個人のホームガーデンのほうがコミュニティガーデンよりも受け入れられています。ホームガーデンは，人口の密集度合いが低い国で最も普及しています。こうした国では，人々がガーデンに植物を植えられるだけの大きな家に暮らしています。さらに，ホームガーデンは人口密

度の高い国でもコミュニティガーデンより一般的です。コミュニティガーデンのほうが（ホームガーデンよりも）普及しているのは，人口密度が中程度の国だけです。1つには，人口密度が低ければ，コミュニティガーデンを運営するのに十分な人々がいないかもしれません。一方，人口密度があまりに高いとコミュニティガーデンを作るのには土地が足りないのです。

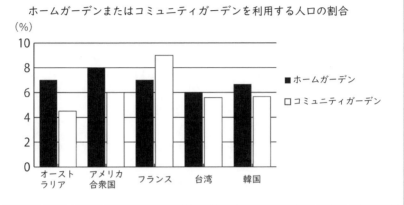

ホームガーデンまたはコミュニティガーデンを利用する人口の割合

「パーソナルガーデンとコミュニティガーデン」についての意見

ダニエル・ポッター

2019年3月

　ゴンザレスさんの記事に取り上げられていたコミュニティガーデンの話題を見てうれしくなりました。コミュニティのためにガーデンを作って，いとわず参加する人を見つけるのは，ときとして大変なこともあるでしょう。自分が食べるものを店で買った経験しかない多くの人々には，何がいいのか理解できません。この国では人口の5％未満しかコミュニティガーデンを利用していません。大抵の人はコミュニティガーデンがもう1つの選択肢であるとは考えていません。けれども，時間をとってやってみる人々は必ず自分の働きの結果に満足しています。

　公共のガーデンのいくつか優れた点のうち最も重要なものは，コミュニティガーデンによってコミュニティ意識が強くなり，知識の共有が進むということです。同じガーデンで作業をする人々はお互いに支え合い，お互いが腕を上げられるよう助け合います。それによって栽培する食べ物の量が増え，自分の食料をさらに効率よく，経済的に育てられるようにもなるのです。

　自分の食べ物を自分で育てることで，料理をするとき，人はより創造力に富み，無駄を出さないようにもなります。多くの人々はただレシピを調べて，料理をする直前にその材料を買うだけです。レシピにある量よりも多く買ってしまえば，余りは結局，捨てることになりかねません。でも，もし同じ種類の野菜を大量に育てたら，あなた

はその材料をなんとかしようとあれこれ考えざるを得なくなるでしょう。こうして，料理をするとき，それまでよりも創造力と工夫に富んだ人になり始めるのです。

語　句

英文1 第1段落

farming	名	農業
grocery store	熟	食料品店
push back against ～	熟	～に反対する

英文1 第2段落

hobby	名	趣味
feel connected with ～		
	熟	～とつながっていると感じる
in general	熟	一般に，～全体[全般]

英文1 第3段落

density	名	密集度
plant ～ in	熟	～に植物を植える
populated	形	人の住む
medium	形	中くらいの

英文2 第1段落

bring up ～	熟	～を話題にする

be hard to *do*	熟	～するのが困難だ
set up ～	熟	～を作る
(be) willing to *do*	熟	～するのをいとわない
shop for ～	熟	～を買いに行く
take (the) time to *do*		
	熟	～するために時間を取る[割く]

英文2 第2段落

sense of ～	熟	～という感覚
foster	動	～を促進する
efficient	形	能率的な

英文2 第3段落

look up ～	熟	～を調べる
ingredient	名	材料
leftover	名	残り(物)
plan around ～	熟	～について考える
resourceful	形	対処の仕方のうまい

解　説

問1　★★★☆☆

訳　ニコール・ゴンザレスもダニエル・ポッターも 24 に言及していない。

① 食べ物を育てている人々の数の変化

② 人口密度がどのように（自家栽培できる）庭づくりに影響を与えているか

③ コミュニティガーデンを始める際の難しさ

④ 自家栽培の野菜の栄養価

解説

Keys for Search

①「育てる人の数」，②「人口密度の影響」，③「始める難しさ」，④「栄養価」。

Areas for Search

2人のオピニオン全体。

Nicole Gonzales のオピニオン：

第1段落第1文に①がヒット。第2段落該当なし。最終段落第4文以降に②がヒット。

Daniel Potter のオピニオン：

第1段落第2文に③がヒット。第2，最終段落はいずれも該当なし。

以上の結果から，2人とも言及していないのは④である。

問2　★★★★☆

訳　ダニエル・ポッターは　25　出身である。

① オーストラリア　　② フランス　　③ 台湾　　④ アメリカ合衆国

解説

Keys for Search

「国を意味する表現」と「グラフに関係する情報」。

Areas for Search

Daniel Potter のオピニオン：

第1段落第4文に，In this country, less than five percent of people use a community garden. とある。グラフから，コミュニティガーデン利用者が5％未満の国は，選択肢の中ではオーストラリアだけ。従って正解は①になる。

問3　★★★★☆

訳　記事によると，ホームガーデンとコミュニティガーデンは　26　ことができる。（正しい答えの組み合わせを選びなさい。）

A 農薬の使用を減らす　　　　　　　　B 農産物の輸出量を増やす

C コミュニティのかかわりを増やす　　D 食費を減らす

解説

Keys for Search

A「農薬使用」，B「輸出量」，C「コミュニティのかかわり」，D「食費」。

Areas for Search　2人のオピニオン全体。

Nicole Gonzales のオピニオン：

第1段落該当なし。第2段落第4文 Some plants are more economical to grow yourself instead of buying them from a store. に D がヒット。最終段落該当なし。

Daniel Potter のオピニオン：

第1段落該当なし。第2段落第1文，the sense of community and shared knowledge that a community garden fosters で C がヒット，さらに第2文も同じ話題が続いた後，最終文で This increases the amount of food grown and makes growing your own food even more efficient and economical. と再び D がヒットする。最終段落は該当なし。

以上から，正解は C と D を含む⑥である。

問4　★★★☆☆

訳　ニコール・ゴンザレスはホームガーデンとコミュニティガーデンは　27　と述べ，ダニエル・ポッターは　28　と述べている。（それぞれの空所に対し，異なる選択肢を選びなさい。）

① なかなか手に入らない農産物を入手するための１つの方法だ ┃ 27 ┃

② フラワーガーデンよりもずっと一般的だ

③ 人々の料理の仕方を改善する ┃ 28 ┃

④ 大きな芝生の庭よりも水の使用量が少ない

⑤ 輸送の利便性が高い地域のほうが（そうでない地域よりも）ずっと普及していた

|解 説|

Keys for Search

①「レアな農産物」，②「フラワーガーデン」，③「料理」，④「水の使用量」，⑤「輸送利便性」。

Areas for Search　２人のオピニオン全体。

Nicole Gonzales のオピニオン：

第１段落該当なし，第２段落第３文 Some people can't find a particular vegetable they enjoy cooking with where they live and want a ready supply. が①に一致することがわかる。最終段落該当なしで ┃ 27 ┃ は①が正解。

Daniel Potter のオピニオン：

第１，第２段落該当なし。最終段落の第４，および最終文 ... you plan around that ingredient. You start ... when cooking. が示すのは③である。従って ┃ 28 ┃ には③が入る。

問5　★★★★☆

|訳|　パーソナルガーデンとコミュニティガーデンに関するダニエル・ポッターの意見をさらに裏づけるのに最も適切な追加情報はどれか。 ┃ 29 ┃

① 最も人気のある野菜だけを育てるためにどんな研究ができるか。

② 育てた食料をもっとうまく使うために何ができるか。

③ もっとたくさん売れるよう野菜の値段を下げるために何ができるか。

④ 大手の食料品チェーン店に野菜を売るために何ができるか。

|解 説|

Keys for Search

①「人気のある野菜」，②「育てた食料」，③「値段を下げる」，④「チェーン店に売る」。

Areas for Search

Daniel Potter のオピニオン。

各段落を ┃ Sketch ┃ すると，

第１段落「最初は大変かも，でもやってみるとみんな満足」

第２段落「コミュニティガーデンにはさまざまなメリット」

第３段落「自分で食べ物を育てれば料理もずっといいものに」

ぐらいで，どの段落にも①「人気のある野菜」，③「値段を下げる」，④「チェーン店に売る」といったピンポイントの話題は挙げられていない。

第３段落が決め手となり②が正解。

1st

▶▶ 問題 別冊 P.36

解 答

問1	30	②	31	③	32	④	33	①	34	⑤
問2	35	③								
問3	36	①								
問4	37 — 38	④, ⑤								

英文の訳

あなたのグループは「科学を永遠に変えた人物」というタイトルのポスター発表に向け，下の雑誌記事から得た情報を用いて準備をしています。

　イギリスの博物学者であり生物学者であったチャールズ・ロバート・ダーウィンは，1859年に著書『種の起源』を発表したとき，私たちの自然界に関する理解の仕方を変えました。この革命的書物の中で，彼はすべての生物は共通の祖先から自然選択の過程を通して進化したという説を唱えたのです。ダーウィンの進化論は今では世界中の科学コミュニティに広く受け入れられています。

　チャールズ・ダーウィンは1809年2月12日，イングランドのシュルーズベリーに生まれました。子供のとき，彼は博物学に深い興味を示していましたが，医師である父親に，自分にならって医学の道へと進むよう促されました。チャールズ・ダーウィンは1825年，医学部の学生としてエジンバラ大学に入学しましたが，間もなくして自分の勉強に退屈するようになりました。その代わり，彼は自分の有り余るほどの自由時間を使って，大学で出会った専門家たちから動植物について学んだのでした。彼が最初に進化という概念に出会ったのはエジンバラ大学でのことだったのです。

　父親の望みに従って，ダーウィンはケンブリッジ大学に移りました。そしてそこを1831年に卒業した後，チャールズ・ダーウィンはHMSビーグル号に乗船し，南アメリカ遠征に参加しました。5年にわたる遠征中，ダーウィンは南アメリカのさまざまな国々を訪れました。どの国でも，彼はすべての生き物が共通の祖先から出ているという強力な証拠を提供するようなその国独特の野生生物と化石を見つけました。1835年9月，ビーグル号はガラパゴス諸島に到着しました。ダーウィンはこの島々で，隣のチリで見つけたものに似てはいるものの，その体や行動に新たな変化を伴った新種の鳥を数多く発見したのです。彼はそれぞれの島がその環境に完璧に適応した独自の種を持っていることに注目しました。これらの変化は何世代もかかってゆっ

くりと起こったもので，この発見は自然選択がいかにして新種を産み出したかについてのダーウィンの新たな考えを補強するものでした。

　イギリスに帰国する前，HMSビーグル号はオーストラリアに停泊しました。そこで，ダーウィンはカンガルーやコアラのような珍しい動物を観察しました。彼はさまざまな相違点を観察し，それは彼が種の起源についての理論を構築することに再び役立ったのでした。

　1836年にイギリスに帰国すると，ダーウィンはすぐに遠征で集めた化石と骨を整理する作業を始めました。彼は自分が集めた化石は，いまだ南アメリカに生息している生物と異なりはするもののよく似ていることに気づきました。それは種が進化できるという証拠を示していました。その後20年間，ダーウィンは研究論文を世に出し，発表を行い，新種の起源に関する著作に取り組み続けました。彼はビーグル号での航海で行った観察についても記し，自らが集めた化石を証拠として使いました。チャールズ・ダーウィンの著書『種の起源』は1859年11月24日に発売されました。著書の最後で，人間もまた，彼が観察してきた他の生物と同様に進化したとダーウィンは示しました。これは当時としては過激な示唆でした。彼の著書の評価は分かれました。というのは，多くの人々は人間が動物と関係があるということを信じたがらず，英国国教会は彼の考えは神の原則に反すると主張したからです。しかしながら，当時の科学者や思想家たちは，新しい種が進化する方法の1つは自然選択であるという考えでダーウィンと一致していました。自然選択は今日なお世界中で，科学の授業で教えられています。

科学を永遠に変えた人物
●チャールズ・ロバート・ダーウィンの生涯

期間	出来事
1810年代	イングランド，シュルーズベリーで子供時代を過ごした。
1820年代	30
1830年代以降	31 → 32 → 33 → 34

●『種の起源』について

◆1859年11月24日初版発行。
◆この本は以下の理由で評価が分かれた： 35

●ダーウィンが私たちに教えたこと

◆種は 36 ことができる。
◆自然選択は 37 ， 38 。

語 句

第 1 段落

naturalist	名 博物学者	wildlife	名 野生生物
biologist	名 生物学者	fossil	名 化石
origin	名 起源	evidence	名 証拠
species	名 種	be similar to ~	熟 ～に似ている
revolutionary	形 革命的な	neighboring	形 隣の
propose	動 ～を提唱する	note	動 ～に注目する
living	形 生きている	contain	動 ～を含む
creature	名 生き物	adapt to ~	熟 ～に適応する
evolve from ~	熟 ～から進化する	第 4 段落	
ancestor	名 祖先	observe	動 ～を観察する
natural selection	熟 自然選択［淘汰］	第 5 段落	
theory	名 理論	organize	動 ～を整理する
evolution	名 進化	presentation	名 発表
第 2 段落		work on ~	熟 ～に取り組む
follow	動 ～に従う	(go) on sale	熟 売りに出る
medicine	名 医学	radical	形 過激な
instead	副 代わりに	review	名 評価
第 3 段落		as	接 ～なので
expedition	名 遠征	be related to ~	熟 ～と関連がある
on board	熟 ～に乗って	argue	動 ～と主張する
unique	形 独特の	thinker	名 思想家
		at that time	熟 当時

解 説

問 1 ★★★★☆

訳 あなたのグループのメンバーがダーウィンの生涯の重要な出来事をリストアップしました。それらの出来事を起きた順に空所 30 ～ 34 に入れなさい。

① ダーウィンは遠征中に採取した化石や骨を整理し調査した。　33

② ダーウィンはエジンバラとケンブリッジの大学で学んだ。　30

③ ダーウィンは HMS ビーグル号で南アメリカを訪れた。　31

④ ダーウィンはガラパゴス諸島を訪れた。　32

⑤ ダーウィンの著書『種の起源』が出版された。　34

📎 **問いのねらい** 複数の情報を効率よく見つけ出すことができるか

解法のポイント

本文が長い場合や，本文中で述べられている出来事を読み取る場合は，選択肢から設定した複数の検索キーを「一斉に」サーチすることで解答作業の効率が大きくアップする。

☞ 出来事の整理整頓に便利な〈一斉サーチ〉のイメージ

まずは，すべての選択肢を把握する。

選択肢：①A した　②B した　③C した　④D した　⑤E した
　　　　⑥F した

次に，すべての検索キーを本文の「始めから」「一斉に」検索する。

第1段落　1つも該当なし。
第2段落　　　　　　　　　　　…D が起きた。…
第3段落　　　　　　　…F を引き起こす引き金になった。…
第4段落　1つも該当なし。
第5段落　…続いたのが A であった。…
　　　　　⋮

本文中でヒットした検索キーの前後の内容と選択肢の内容とを照らし合わせる。これを最終段落まで行う。

解説

Keys for Search

すべての選択肢を確認して検索キーを把握する。

① 「化石・骨を整理＆調査」，② 「エジンバラ大・ケンブリッジ大」，③ 「HMS ビーグル」，④ 「ガラパゴス諸島」，⑤ 「『種の起源』出版」。

Areas for Search

「始めから」「一斉に」検索する。

第 1 段落　he published his book *On the Origin of Species*
第 2 段落　Edinburgh University　　　　　　　　（②）
第 3 段落　Cambridge University　　　　　　　　（②）
　　　　　➡ HMS Beagle (South America)（③）➡ Galapagos Islands（④）
第 4 段落　該当なし
第 5 段落　organizing the fossils and bones　　　（①）
　　　　　➡ *On the Origin of Species* went on sale　（⑤）

以上より，正解は ⎡30⎦ が②，⎡31⎦ が③，⎡32⎦ が④，⎡33⎦ が①，⎡34⎦ が⑤。

問2　★★★★☆

訳　文を完成させるのに最も適切な記述を選びなさい。(正しい答えの組み合わせを選びなさい。)　35

　A　科学者は自然選択の概念に反対する主張をした。

　B　この本は神がさまざまな種を今日の姿で創造したという考えに反する主張をした。

　C　この本には進化の証拠はほとんど載っていなかった。

　D　この本は，人間もまた自然選択を経て進化したことを示唆した。

　E　自然選択の概念は難しすぎて人々には理解できなかった。

　F　国教会の中の過激な一派がこの本の出版を阻止しようとした。

解説

Keys for Search

A「科学者は反対」，B「神の創造に反論する」，C「進化の証拠なし」，D「類人猿からヒトへ」，E「難しすぎる」，F「国教会が本の出版を阻止」。

Areas for Search

すべて *On the Origin of Species* に関することなので，対象は第1段落と第5段落。

第1段落第2文 In that revolutionary book, he proposed that all living creatures evolved from a common ancestor, 第5段落第6文 At the end of the book, he suggested that humans also evolved in the same way as the other living creatures he had observed. より D が正しい。

第5段落第4文に used the fossils he collected as evidence とあることから C が不適。第8文の the Anglican Church argued that his ideas broke God's rules から B は正しい。続く第9文，scientists and thinkers at that time agreed with Darwin で A が不適。E, F は記述なし。正解は B と D の2つを含む③である。

問3　★★★☆☆

訳　以下のうちどれが文を完成させるか。　36

　① 周囲の環境に適応する

　② 環境に適応するのではなく環境を変化させる

　③ 最終的に人間に進化する

　④ 素早く新種に進化する

解説

Keys for Search

①「環境に適応」，②「環境を変化させる」，③「すべてがヒトに」，④「素早く進化」。

Areas for Search

ダーウィンが species を観察した第3段落以降。

第3段落第5～7文，but with new changes to their body and behavior. He noted that each island contained unique species perfectly adapted to their environment. These changes slowly occurred over many generations の部分が

すべて当てはまる。特に，第6文 perfectly adapted to their environment が決め手となって①が正解となる。これが同時に②を否定し，続く第7文の slowly occurred から④も不正解だとわかる。③は本文に述べられていない。

問4　★★★★☆

訳　文を完成させるのに最も適切な記述を選びなさい。　37　・　38
① ダーウィンによって発明されたプロセス
② なぜダーウィンの考えが誤りであったのかを説明する方法の1つ
③ 今日では科学者にもはや信じられていない古い理論
④ 種がどう進化するかを説明する主要な理論の1つ
⑤ さまざまな環境が独自の種を持つ理由の1つ
⑥ サルが人間になるプロセス

解説

Keys for Search

問題文の空所直前の natural selection。各選択肢からキーを拾うよりはるかに効率がよい。➡②と③は問1～3の解答作業から「あり得ない」。削除OK。

Areas for Search

全体。

最初にヒットするのは第1段落第2文。he proposed that all living creatures evolved from a common ancestor, through the process of natural selection で①が絡むが，この文は「自然選択＝ダーウィンの発明」を意味していない。従って①は不適。

次のヒットは第3段落最終文，this discovery supported Darwin's new ideas about how natural selection created new species だが，主語の this discovery が表すのは，直前文の each island contained 以降，「どの島にも島の環境に完全に適応した独自の種がいることの発見」であり，最終文と合わせて考えると，「どの島にも固有の種がいることの発見は自然選択による進化の考えをサポートするものだった」，つまり「自然選択ゆえに固有の種が存在する」ということになるので，⑤が正しい。さらに，前述の第1段落第2文とこの第3段落最終文から，「自然選択がダーウィンの進化論の中心的理論」であることがわかる。以上より，④が正しいと判断できる。⑥については述べられていない。

2nd

解 答

問1	30	①						
問2	31	②						
問3	32	②	33	③	34	④	35	①
問4	36	③						
問5	37 — 38	④, ⑤						

英文の訳

英語の先生が感動的な話を探し，それをメモを使いながらディスカショングループに発表するようにクラスのみんなに伝えました。あなたはイギリスの高校生によって書かれた話を見つけました。

荒野の教訓

ジェイク・リンドン

　テントを張るのがこんなに下手だとは思わなかった。私たちはノース・ヨークシャーのど真ん中でキャンプをしていたが，私はすでにそれを後悔していた。ロンドン出身の私にとって，学校の自然クラブに参加することは大きな変化だった。普段はコンピューター・プログラムを設計したり，新しいハードウェアをテストしたりしている。家でスクリーンの前にいるのが一番快適だっただろう。

　コンピューターの先生であるベック先生が，このクラブに参加するように勧めてくれた。彼女は，私が家でも学校でも携帯電話やノートパソコンに時間を取られすぎていることを心配していた。彼女は，私が「システムから離れ，自然の中に身を置く」必要があると言っていた。その後すぐに，私は彼女のアドバイスに従ったことを後悔した。

　私はずっと自分のことを賢い人間だと思っていたのだろう。キャンプはプログラミングのようにとても簡単だと確信していた。だから，簡単なテントを1人で張れなかったときは，本当にばかみたいで恥ずかしかった。私は悔し涙を流しながらその場を立ち去った。もうクラブを辞めて家に帰ろうと思った。

　幸運なことに，クラブの先生であるブリンクリー先生は私を帰らせなかった。その代わり，テントを丈夫で高くするためのヒントや指示をくれた。クラブの友だちのジェーン，トーマス，エマ，チェットも，私が自然と仲よくなるように励まし，助けてくれた。例えば，ジェーンはどの植物が人を病気にするのか，トーマスは火のおこし方，エマは鳥について，チェットは応急処置について教えてくれた。彼らは本当に

73

忍耐強く，そのおかげで私はアウトドアに慣れることができた。

　しばらくすると，私はただ外で生き延びるだけでなく，それを楽しめるようになってきた。例えば，以前は怖かったクライミングが，今では楽しくなった。最初の頃は，クラブが企画する野外活動のほとんどが嫌いで，言い訳をして残っていた。今では，思いもよらないほど楽しみにしている。ハイキングコースは私のお気に入りになった。自然は本当に気持ちよく，楽しいものだと思うようになった。ロンドンにいたときには考えられなかったことだ。

　学年が終わる頃には，アウトドアでの経験が実を結ぶようになっていた。私は別人のようになっていた。ロンドンにいたときと同じように，森の中にいても気持ちがいいと感じた。私が学んだことは私に自信を与えただけでなく，学校の成績を上げてもくれた。「学校の勉強は本当に難しいと思っていた。でも，スコットランド高地のような場所でうまくやっていくことを学んだ今，すべての授業が簡単に思えるようになった！」と私はクラスメイトに言った。

　他のクラブメンバーとの会話も私を大きく変えた。クラブの先輩であるゲーリーは昨年，彼の両親がスペインでキャンプをするために休暇を取ったことを話してくれた。彼の旅の話をするうちに，もっと早くから自分の居心地のいい環境から抜け出していれば，もっとよかったと気づいた。また，私はもっといろんなことをやってみる必要があった。東欧や中央アジアなど，世界の他の地域でのハイキングやクライミング，キャンプを夢見るようになった。

　今振り返ってみると，新しい趣味に挑戦し，よりリスクを冒す考え方を取り入れたことは，私がこれまでにした最善の選択の1つだった。自然クラブはアウトドアについて教えてくれただけでなく，あらゆる種類の挑戦を受け入れられるようになることにも役立った。もちろん，親切で忍耐強い友人や先生がいなかったら，このような変化は不可能だっただろう。

　私は英国の荒野の専門家ではないし，他のどこの場所の専門家でもない。まだまだ学ぶことがたくさんある。しかし，自分自身に挑戦すれば，それが人生に大きな変化をもたらすということを今は知っている。

あなたのメモ：

荒野の教訓

著者について（ジェイク・リンドン）

・コンピューターとテクノロジーを楽しんだ。
・彼は 30 ので学校の自然クラブに入った。

他の重要人物

・ベック先生：ジェイクに自然の中に出ることを勧めたコンピューターの先生。
・ブリンクリー先生： 31 　自然クラブの先生。
・ジェーン，トーマス，エマ，チェット：クラブのメンバー。

ジェイクがアウトドアに慣れ親しむようになるうえで影響を与えた出来事

32 　→　 33 　→　 34 　→　 35

ゲーリーとの会話の後にジェイクが気づいたこと

自分は 36 　。

この物語から学べること
・ 37
・ 38

語　句

第1段落

put up ～
　熟 ～を建てる，（テント）を張る
regret　　　　動 ～を後悔する
test out ～　　熟 ～を検証する

第2段落

encourage 人 to *do*
　熟 （人）を～するよう励ます[促す]
get away from ～ 熟 ～から離れる

第3段落

be certain that ...
　熟 …ということを確信して
silly　　　　　形 ばかげた
embarrassed　形 恥ずかしい
walk off　　　熟 突然立ち去る
tears of frustration 熟 悔し涙

第4段落

allow 人 to *do*　熟 （人）が～するのを許す
get along with ～ 熟 ～とうまくやっていく
first aid　　　　熟 応急処置

patient　　　　形 忍耐強い
adjust　　　　　動 ～を適合させる

第5段落

dislike　　　　動 ～を嫌う
make excuses　熟 言い訳をする
look forward to ～　熟 ～を楽しみに待つ
pleasant　　　形 気持ちのよい
delightful　　　形 楽しい

第6段落

pay off
　熟 実を結ぶ，がうまくいく
the woods　　　熟 森

第7段落

get (the) time off to *do*
　熟 ～のために休暇を取る
get out of ～　熟 ～を抜け出す

第8段落

mindset　　　　名 考え方

第9段落

expert　　　　名 専門家

75

問1　★★★★☆

訳　 30 　に当てはまる最も適切な選択肢を選びなさい。

① 自分は容易にうまくやれると信じていた
② 他の人たちも参加することを期待した
③ キャンプの計画を変更できると思った
④ グループを率いるのは難しいと理解していた

解説

Keys for Search

選択肢の語句ではなく，メモにある「自然クラブに入った理由」。

Areas for Search

「自然クラブに入った」シーンの周辺から「理由」を検索。

「入った」ことに触れているのは第2段落第1文。その直後，同段落第2文に She was concerned that I was spending too much time on ... と「理由」らしきものが書かれているが，これは選択肢にない内容のためスルー。さらに周辺を確認して第3段落第1，2文。I was certain ... が決め手となり正解は①。

問2　★★★☆☆

訳　 31 　に当てはまる最も適切な選択肢を選びなさい。

① クラブの他のメンバーに協力を求めた
② テントの作り方のアドバイスをした
③ 登山用具を運びやすいように整えた
④ 英語を勉強中のキャンパーに教えた

解説

Keys for Search

メモから「ブリンクリー先生」。

Areas for Search

Mr Brinkley は第4段落第1，2文のみに登場。he gave me tips and instructions on ... から正解は②。

問3　★★★☆☆

訳　5つの選択肢から4つを選び，起こった順に並べ替えなさい。

 32 → 33 → 34 → 35

① 海外キャンプ旅行を考え始めた　　　　　　　　　　 35
② コンピューターの先生と新しい活動について話し合った 32
③ 多くの挫折を経験しなければならなかった　　　　　 33
④ 野生の動植物について学んだ　　　　　　　　　　　 34
⑤ 自然を守るためにクラスメイトたちと組織が組まれた

解法のポイント

☞ すべての**検索キー**を一斉にサーチし，作業効率の大幅アップを計る。

解説

Keys for Search

① 「海外キャンプ」，② 「コンピューターの先生＋新しい活動」，③ 「挫折」，④ 「野生の動植物」，⑤ 「自然保護」。

Areas for Search

第1段落　該当なし

第2段落　Ms Beck, my computer teacher, had encouraged me to join this club.　＝②

第3段落　So, I felt really silly and embarrassed ... と I walked off with tears of frustration in my eyes.　＝③

第4段落　For example, Jane showed me which plants ... と Emma told me about birds　＝④

第5段落，第6段落　該当なし

第7段落　I started to dream about hiking, climbing, and camping in other parts of the world　＝①

正解は 32 が②，33 が③，34 が④，35 が①。

問4　★★★☆☆

訳 36 に当てはまる最も適切な選択肢を選びなさい。

① スコットランド高地でハイキングをするために，よりよいアウトドアウェアを買うべきだった

② 前年にゲーリーの家族と一緒にスペインを旅行すべきだった

③ **自分の生活をよりよくするために，もっと早くから何かを変えるべきだった**

④ 一緒にキャンプをしている間，友だちにコンピューターのコードを教えるべきだった

解説

Keys for Search

メモから「ゲーリー」。

Areas for Search

Gary が登場するのは第7段落第2文。直後の第3文，I realised that I would have been better off ... が根拠となって正解は③。

訳 | 37 | と | 38 | に当てはまる最も適切な選択肢を選びなさい。(順序は関係ない。)

① 人々が新しいことに挑戦するには自信が必要である。

② 教育者は，子供たちにライフスキルを教えるにあたりいつも以上に大きな責任を負わなければならない。

③ 刺激的なアウトドア活動は危険すぎるかもしれない。

④ 人は不快に耐えることで，より多くを学びより強く成長することができる。

⑤ 周囲の人々の輪が励ましや支えを与えてくれる。

解説

Keys for Search

①「新しいことに挑戦」，②「教育者＋責任」，③「危険」，④「耐える」，⑤「周囲の人々」。

Areas for Search

第8段落，最終段落。

第1~7段落の Scottish Highlands での経験を振り返ってまとめているのが第8段落と最終段落。第8段落第3文 if it weren't for friends and teachers who were helpful and patient, ... が「周囲の人々」の励ましや支えが不可欠であることを述べており⑤が正解。さらに，最初は辞めようとまで思っていたクラブについて第8段落第2文で The nature club didn't just teach me ... it also helped me become more open to accepting challenges of all types. と言っていることや，最終段落で now I know that if you challenge yourself, ... と言っていることからさまざまな不快に「耐える」ことが成長につながることを示しているので④が正解。

第6問

1st

▶▶ 問題 別冊 P.44

解答

A

問1	39	②
問2	40	④
問3	41 — 42	①, ③
問4	43	④

英文の訳

あなたはクラスで行う移住に関するグループ発表の準備をしています。あなたは以下の記事を見つけました。あなたは発表のためにメモを準備する必要があります。

外国人労働者は日本の労働力不足を解決できるか？

　日本の高齢化と少子化は，企業が今後も大きな労働力不足に直面することを意味する。2023年の日本の人口は約1億2,300万人だったが，2050年には9,500万人にしかならないと予想されている。65歳以上の人口比率は現在約28%だが，2040年には約35%になる。このような人口の変化は，多くの産業で採用問題を引き起こしている。さらに，価値総合研究所の調査によると，人口の変化は「地方と都市の格差」を悪化させ，東京や大阪のような大都市以外では労働者不足が顕著になるという。日本政府はこの危機を解決するためにいくつかの政策を検討している。1つの解決策は，より多くの女性の職場参加を奨励することである。もう1つは，外国人労働者の受け入れ拡大である。

　日本政府は，2025年までに50万人もの外国人労働者を日本に受け入れる法改正を承認した。これらの外国人労働者の大半は，中国，ベトナム，フィリピンなどのアジア諸国出身で，主に製造業，農業，医療に従事する。しかし，この政策に反対する人々は，これほど多くの外国人を受け入れると，公共サービスが圧迫され，犯罪が増加すると主張している。さらに，こちらの労働者の受け入れは，日本人の賃金を下げる結果になると主張している。

　西ヨーロッパのようなほとんどの経済先進国とは異なり，日本はこれまで比較的移民を受け入れてこなかった。しかし，多くの右翼政治家がこれ以上の未熟練外国人労働者の日本への受け入れに反対している一方で，この政策に賛成している人々も相当数いる。テレビ東京と日経ビジネスが2018年11月26日に行った調査によると，日

本の有権者の41%が外国人労働者の受け入れに賛成し，47%が反対した。この政策に賛成した人の大半は若者だった。

多くの政治家や年配の日本人が懸念しているにもかかわらず，外国人労働者は今のところ日本にとってプラスになっているようだ。広島県では，漁業従事者の6人に1人が外国人である。20代，30代の漁業従事者の約半数も外国人である。これらの労働者のおかげで漁業は存続できているのだ。広島の片田舎にある水産加工場の経営者，タカサキ・シンジ氏は，外国人の貢献に感謝している。「数か月の研修で彼らは仕事ができるようになる。本当に頼りにしています。もっと長く働けないのはもったいないと思います」とタカサキ氏は未熟練外国人が日本で働ける期間の制限について言及しながら言う。とはいえ，研究者のフルヤ・ショウト氏は，外国人労働者は「長期的には最良の解決策ではない」と言う。というのも，日本の高齢化社会と人口減少，そしてそれに伴う経済の減速を補うには，労働者の数を増やしても十分ではないからだ。古屋氏は，これらの問題にはより広範で複雑な解決策が必要だと指摘する。

新しい政策は，もちろん外国人労働者自身にとっても有益である。日本で数年間働くことで，彼らは自国で働くよりもはるかに多くの収入を得ることができる。実際，日本で働く派遣労働者の多くは，毎月その収入の一部を家族に送金することができる。経済的な利益だけでなく，未熟練外国人労働者は，最終的に帰国したときに使える新しいスキルを学ぶことができる。

日本は経済的に生き残るために移民を必要としている。しかし，新しい政策が日本社会と外国人労働者の双方に利益をもたらすようにすることが重要である。

あなたのメモ：

はじめに
◆日本における「地方と都市の格差」と言うとき，価値総合研究所が意味するのは
　　39　　。

テレビ東京と日経ビジネスによる調査
◆2018年の調査では　40　ことが示唆されている。
◆フルヤ・ショウト氏の研究結果には　41　ことと　42　ことが指摘されている。

結論
◆日本は深刻な労働力不足，経済の減速，高齢化を抱えている。これに対し，日本はこれらの問題を解決するため，外国人労働者の受け入れを拡大している。同時に，我々は　43　ということも念頭に置かなければならない。

語　句

immigration	名 移民（者数）	unskilled	形 未熟練の
第1段落		significant	形 大幅な
aging	形 高齢化が進む	in favor of ～	熟 ～に賛成して
birth rate	熟 出生率	voter	名 有権者
recruitment	名 求人	majority	名 大多数
crisis	名 危機	第4段落	
workplace	名 職場	be grateful for ～	熟 ～に感謝する
第2段落		shrinking	形 減少している
manufacturing	名 製造業	第5段落	
opponent	名 反対者	be beneficial to ～	熟 ～にとって有益な
public service	熟 公共サービス	temporary	形 一時的な
result in ～	熟 結果として～になる	earnings	名 所得
wage	名 賃金	第6段落	
第3段落		ensure that ...	
right-wing politician	熟 右派政治家		熟 …ということを確実にする

解　説

問1　★★☆☆☆

訳 　39 　に当てはまる最も適切な選択肢を選びなさい。

　① 都市は地方よりもはるかによい場所である

　② 田舎のほうが労働力不足が深刻になる

　③ ライフスタイルは田舎よりも都会のほうが変化する

　④ 人々は大都市から田舎に引っ越すべきである

解説

Keys for Search

メモから「地方と都市の格差」。

Areas for Search

第1段落（キー周辺）。

"rural-urban divide" が現れるのは第1段落第5文。その直後に with worker shortages much higher outside of big cities such as Tokyo or Osaka とあることから，この格差が労働力不足にかかわることであるとわかる。② が正解。

問2　★★☆☆☆

訳 　40 　に当てはまる最も適切な選択肢を選びなさい。

　① 日本人の大多数は外国人労働者を望んでいる

　② 企業は未熟練外国人の雇用に反対している

③ 日本は現在，他の先進国よりも多くの外国人労働者を受け入れている
④ **日本人の若い世代のほうが人々が外国から日本へ出稼ぎに来ることに抵抗が少ない**

解説

Keys for Search

メモから「2018年の調査」。

Areas for Search

第3段落（キー周辺）。

a survey by TV Tokyo and Nikkei Business というキーとその調査結果が示されているのは第3段落第3文と続く最終文。最終文の The majority of those who agreed with the policy were young. から正解は④。

問3　★★★☆☆

訳　| 41 | と | 42 | に当てはまる最も適切な選択肢を選びなさい。(順序は関係ない。)
① 1つの政策では日本の深刻な労働力不足を解決することはできない
② 外国人労働者は日本の急速な高齢化社会を補うことができる
③ **日本は複雑な答えを必要とするいくつかの労働問題に直面している**
④ 日本はより複雑な仕事に外国人労働者を配置する準備をしなければならない

解説

Keys for Search

メモから「フルヤ・ショウト氏の研究」。

Areas for Search

第4段落後半。

Nevertheless, researcher Shoto Furuya says で始まる第4段落第9文からが解答情報。同文と続く第10文から①が，最終文の all these issues require broader and more complex solutions から③が正解。

問4　★★★☆☆

訳　| 43 | に当てはまる最も適切な選択肢を選びなさい。
① 外国人労働者が必要とされているのは，日本の町や村だけである
② 日本は発展途上国の産業に大きな機会を提供した
③ 労働力不足にもかかわらず，日本は未熟練外国人労働者の受け入れを拒否している
④ **日本の労働力不足は，新しい外国人労働者政策によって部分的にしか解決できない**

解説

Keys for Search

各選択肢から，例えば，①「町や村」，②「機会＋提供」，③「未熟練＋拒否」，④「新しい政策＋不十分」と設定しても，本文のあちこちに書かれていそうな内容ばかりになってしまうため非効率。メモ中の設問箇所が we must keep in mind that [　　] となっていることに目をつけ，この新たな移民政策の「展望」を検索する，と考える。

Areas for Search

第5段落，最終段落。

新政策への「展望」はこの2つの段落に示されている。最終段落最終文，it is important to ensure that ... から「政策実施イコールすべて解決ではない」ことがわかる。正解は④。

2nd

▶▶ 問題 別冊 P.48

解答

A

問1	39	④
問2	40	②
問3	41 — 42	②, ④
問4	43	①

英文の訳

あなたは心理学の授業でテレセラピー（遠隔療法）に関するグループ発表の準備をしています。あなたはこんな記事を見つけました。あなたは発表のためにメモを準備する必要があります。

テレセラピーとメンタルヘルス

　かつて多くの日本人は，心理学者やその他のメンタルヘルスの専門家にかかることを恥ずかしく思っていた。人々は，どんな困難にも耐えられるだけの精神的な強さが必要だと感じていたのだ。ヤマキ・チカコ医師が書いているように，これは単にこの国の「文化的風土の一部」であった。しかし，現在では多くの日本人が，心理的な健康は人の健康の他の側面と同じくらい重要だと考えている。

　しかし，メンタルヘルスに対するこの新たな注目は，少なくとも1つの弊害をもたらしている。より多くの人々が心理学の専門家に診てもらおうとする中で，専門家を見つけることが難しくなっているのだ。多くのセラピストは忙しすぎて，新しい患者を受け入れることができない。さらに，心理学者の少ない地域に住んでいる患者もいる。この困難さが，テレセラピーの拡大を促している。テレセラピーとは，ビデオチャットやメールなどの技術的ツールを利用したアプローチである。「テレセラピー」という用語は，現在，オンラインでのメンタルヘルス治療を表すのに最もよく使われている。

　このようなシステムの利点は明らかである。患者は，特定の問題を解決してくれる，地元以外のセラピストにアクセスすることができる。また，身体的・精神的障害のために外出が困難な患者にとっても便利である。また，患者は緊急のオンラインセラピー・セッションをより簡単に受けることができる。多くのテレセラピー・サービスでは，電話を使ってすぐにセッションを受けることができる。患者が急にケアを必要とするようになった場合，自分でその問題に対処しようとするのではなく，すぐにケアを受けることができる。

また，メールやビデオでの交流に慣れている若い人々にとっては，テレセラピーのほうが自然に感じられるかもしれない。オフィスで誰かと直接会うことは，人によっては怖いことかもしれない。オンラインでのチャットは，より快適に感じられ，自分の気持ちにより正直になることができるかもしれない。これらのシステムには成功の実績もある。東京大学のヨシナガ・ナオキ教授が2021年に行った研究では，テレセラピーが日本人にポジティブな効果をもたらしていることが示されている。

　もちろん，テレセラピーのすべての側面が有益というわけではない。スティーブン・ガンズ医師は，2023年の広範な研究に基づき，オンライン上のプライバシーや，患者情報の紛失やハッキングに対する懸念を表明している。また，メールでのコミュニケーションでは，心理学者は声のトーンや顔の表情などを考慮することができない。そのため，患者の問題を特定することが難しくなる。ビデオチャットでも，セラピストは画面の外のボディランゲージなどを見逃すことがある。さらに，同じセラピストと定期的に会うことで，患者とセラピストの間に信頼の絆が生まれる。アプリを使ってたまにしか助けを求めない人がいたとしても，毎回同じ心理学者に診てもらえるわけではない。そのような関係が長い期間にわたって築かれなければ，自分の気持ちに正直になることは難しいかもしれない。おそらく最悪なのは，ガンズ医師が指摘するように，テレセラピストが対面の医師のように緊急時に対応することはほとんど不可能だということだ。

　とはいえ，テレセラピーはメンタルヘルスの分野で現実のものとなりつつある。特にこの分野の将来を考えることは重要だ。「AIセラピスト」が急速に台頭してきている。低価格または無料のアプリで，いつでも利用できる。これらのアプリはカウンセリングやアドバイスを即座に提供するもので，デイビッド・バーンズ医師のようなAIセラピーの創始者は，「24時間利用可能で，有益で，支援的で，治療的である」と主張している。他の専門家は，AIセラピーやテレセラピー，あるいはメンタルヘルスケアにおけるコンピューターやロボットのサービスの有効性を疑っている。彼らは，「人間的な対面アプローチ」が常にベストだと主張している。結局のところ，患者は自分の好きな治療法を選択できるようになったのである。

あなたのメモ：

はじめに
◆ヤマキ・チカコ医師がこの国の「文化的風土の一部」と言うとき，それは 39 を意味している。

ヨシナガ・ナオキ教授の研究
◆2021年のヨシナガ教授の研究は， 40 ことを示している。
◆スティーブン・ガンズ医師の研究結果は 41 ことと 42 ことを指摘してい

る。

結論

◆テレセラピーには，特にメンタルヘルスの専門家に直接会うことができない人々にとって，証明された多くの利点がある。心理学者とのテレセラピーは別として，　43　についても考えることができる。

語 句

teletherapy 　名 テレセラピー，遠隔診療

第1段落

ashamed 　形 恥じて
psychologist 　名 心理学者
aspect 　名 側面

第2段落

focus on ～ 　熟 ～への注目
negative effect 　熟 弊害
take on ～ 　熟 ～を引き受ける
prompt 　動 ～を促す
video chatting
　熟 オンラインで顔を見ながらするチャット
texting
　名 メールなどソーシャルメディアを通じたテキストメッセージのやりとり

第3段落

obvious 　形 明らかな
access to ～ 　熟 ～に面会する機会
disability 　名 障害
emergency 　名 緊急(時)

第4段落

be accustomed to ～
　熟 ～に慣れている
interact 　動 交流する
via 　前 ～を通じて

第5段落

miss 　動 ～を見逃す
bond 　名 絆

第6段落

become more of a ～
　熟 ますます～になる

解 説

問1　★★☆☆☆

訳　　39　に当てはまる最も適切な選択肢を選びなさい。

① 家族のメンバーではなく訓練を受けた医師からのアドバイス
② 諸外国のメンタルヘルスに関する考え方
③ メンタルヘルスを向上させることに重点を置いた日本のライフスタイル
④ **人々が専門家の助けを求めない状況**

解説

Keys for Search

メモから「この国の文化的風土の一部」。

第1段落（キー周辺）。

第1段落第3文，this was simply "part of the cultural climate" in the nation の this は直前の第2文全文の内容を指している。正解は④。

問2　★★☆☆☆

訳　 40 に当てはまる最も適切な選択肢を選びなさい。

① 多くの日本人がテレセラピーを必要としている

② オンラインの心理療法は効果がある

③ 東京にはもっと多くの心理クリニックが必要だ

④ テレセラピーで助かった人はほとんどいない

解説

メモから「2021年のヨシナガ教授の研究」。

第4段落（キー周辺）。

第4段落最終文 teletherapy has had positive effects on Japanese people を再確認して終了。正解は②。

問3　★★★★☆

訳　 41 と 42 に当てはまる最も適切な選択肢を選びなさい。（順序は関係ない。）

① 医師はテレセラピーのための予約枠をほとんど持っていない

② オンラインで共有される情報は，安全性が十分でない可能性がある

③ 世界的な治療法のほとんどが日本では通用しない

④ オンラインでのセラピストによる対応は限定される可能性がある

解説

メモから「スティーブン・ガンズ医師の研究」。

第5段落。

第2文　Doctor Steven Gans（＝キー）

　　　　→ concerns about online privacy, as well as patient information being lost or hacked　＝②

第3～5文　声のトーンや表情などがわからない　＝該当選択肢なし

第6～8文　セラピストとの信頼関係ができない　＝該当選択肢なし

最終文　almost impossible for teletherapists to respond in an emergency　＝④

段落全体をていねいにスケッチして正解は②と④。

問4　★★★☆☆

訳 | 43 | に当てはまる最も適切な選択肢を選びなさい。

① テクノロジーを利用したメンタルヘルスケアの選択肢は希望する人々にとってさ
まざまなものが出てきていること

② 高度な AI ベースのシステムはメンタルヘルスの専門家に対面で相談するよりも
効果的であること

③ 日本の多くの都市でテレセラピーが対面療法に急速に取って代わっていることの
弊害

④ ルールや法律がないままメンタルヘルス分野でテクノロジーが拡大していること
に伴うリスク

解 説

Keys for Search

メモから「2021 年のヨシナガ教授の研究」。

Areas for Search

最終段落。

第 1 文　teletherapy is becoming more of a reality

第 3 文　"AI therapists" are rapidly emerging

第 6 文　the "human, in-person approach" is always best

最終文　In the end, patients can now select the treatment option

の流れ。問 3 同様に段落全体をていねいにスケッチして正解は①。

1st

 別冊 P.52

解 答

B

問1	44	⑤
問2	45 — 46	②, ③
問3	47	②
問4	48	②
問5	49	①

英文の訳

あなたは発表の準備をしています。イギリスのリスの個体数についてのスライドを作成するために，以下の文章を使います。

　イギリスの公園や庭を訪れれば，あなたは灰色リスを見かける機会があるかもしれない。体長わずか24.0〜28.5cm，体重0.44〜0.72kgのこの愛嬌のある生き物が，誰かにとって問題になるとは想像しにくい。しかし，これらのリスは実は「イギリスのリス」ではないのだ。実際，彼らは外来の侵入生物種であり，政府はその数を減らす方法を長い間検討してきた。イギリス原産のリスは，実は赤リスである。赤リスの耳には，聴覚を助けるための「タフト」と呼ばれる小さな房状の毛があり，口の周りにはひげと呼ばれる長い毛が生えている。尻尾はふさふさで，背中には黒い縞模様があり，下腹部は白く柔らかい。また，足には登るための爪がある。こうしてこの動物はイギリスの生活によく適応しているのだ。しかし，灰色リスがやって来て以来，赤リスの数は約350万匹からわずか14万匹に減少してしまった。一方，イギリスには現在250万匹以上の灰色リスが生息している。

　今イギリスに生息している野生の灰色リスは，もともとは1800年代に裕福な地主たちのおしゃれなペットとして北アメリカから持ち込まれた。しかし，すぐに逃げ出し，急速に国中に広がり，赤リスと資源を奪い合うようになった。灰色リスはこの競争に簡単に勝利した。なぜなら，灰色リスは赤リスよりも大きくて強く，都会でも田舎でも生きていけるからである。また，灰色リスは赤リスよりも多くの子供を産むため，個体数の増加が早い。さらに，灰色リスは複数の冬の生存戦略を持っている。例えば，冬に生きるために体脂肪を多く蓄える。また，冬の食料はいくつかの隠れ場所に置くので，1か所が破壊されても他の場所は残る。これは赤リスとは異なる点で，赤リスは冬の食料を1か所に集めることで生存の危険を冒している。その場所が破壊されたり，他の動物に荒らされたりすると，赤リスは冬を越えられないかもしれない。さらに，灰色リスは冬の間は眠らない代わりに，木の上に巣を作り，そこから朝や夕方にさらに多くの餌を狩りに出る。このため，冬の食料源はさらに増える。灰色リスはまた，リスの疱瘡のウイルスという赤リスを死に

至らしめる病気を持っている。こうした理由から，灰色リスの個体数の増加は赤リスの数を激減させた。今ではイギリスの多くの地域で，赤リスは全く生息していない。残っている赤リスのほとんどは，北ウェールズやスコットランドのハイランド地方にある，灰色リスが生き残るのが他の地域と比べてずっと困難な人里離れた山に生息している。効果的な対策を講じなければ，イギリスでは10年以内に赤リスが絶滅すると推定されている。

　1998年，イギリス政府は捕獲によって灰色リスの個体数を抑制する計画を発表した。しかし，多くの自然専門家がこの計画に反対した。彼らは，灰色リスを殺すことは残酷であるだけでなく，効果もないと言った。というのも，ある地域から灰色リスの集団がいなくなると，すぐに別の集団がその場所を取ってしまうからだ。灰色リスの数を減らすもう1つの方法は，天敵を導入することである。この方法は，同じように灰色リスの問題があったアイルランドで効果があった。アイルランドでは，1990年代初頭に狩猟が禁止されたため，「マツテン」というイタチ科の動物が着実に数を増やしている。マツテンはリスを含む小型哺乳類を狩る。アイルランドでマツテンが増えるにつれ，灰色リスの数が減り，在来の赤リスが戻ってきた。マツテンは灰色リスも赤リスも食べるが，赤リスのほうが体が小さく，マツテンの匂いを嗅ぎ分けやすいため，マツテンから逃げやすいと科学者たちは考えている。赤リスは現在，30年間生息していなかった地域に戻ってきており，これは罠や化学薬品，その他の非自然的な方法を使わずに達成された。多くの研究者は，イギリスはアイルランド人に習って赤リスを絶滅の危機から救うために利用すべきだと信じている。

発表のスライド：

イギリスのリスの個体数	**1．基本情報：灰色リス** ・体長 24.0～28.5cm ・体重 0.44～0.72kg ・ 44

2．灰色リスの生息地

・逃げて野生化
・現在イギリスのほぼ全域に生息
　✓都会にも田舎にも生息する
　✓山間部は苦手
　✓イギリス原産のリスよりも多くの子供
　　を産む

3．灰色リスが冬を生き延びる秘訣

・ 45
・ 46

4．赤リスの特徴

47

5．最後に

48

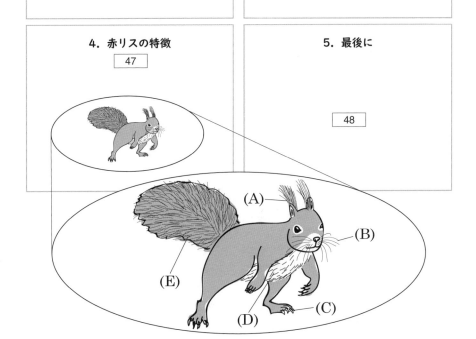

squirrel	名 リス	pox	名 発疹, 疱瘡

第1段落

It is estimated that ...

non-native	形 外来種の		熟 …と予測されている
invasive	形 侵入した	extinct	形 絶滅した
native to ～	熟 ～に固有[在来]の	take action	熟 行動を起こす
introduction of ～	熟 ～の移入		

第3段落

decline	動 減少する	trap	動 ～をわなで捕らえる

第2段落

originally	副 もともとは	cruel	形 残酷な
wealthy	形 裕福な	ineffective	形 効果がない
landowner	名 地主	pine marten	熟 マツテン
escape	動 逃げる	steadily	副 着実に
compete with ～	熟 ～と競う	hunting ban	熟 狩猟禁止令
resource	名 資源	mammal	名 哺乳動物
store	動 ～を蓄える	absent from ～	熟 ～にいない

解　説

問1　★★★☆☆

訳　　44　に含まれないものはどれか。

① 病気を持っている

② 資源を奪い合う

③ 在来のリスより大きく育つ

④ イギリス外から来た

⑤ 弱いリスを捕食する

解説

Keys for Search

① 「病気」, ② 「資源＋奪い合う」, ③ 「大きい」, ④ 「国外」, ⑤ 「リス＋捕食」。

Areas for Search

第2段落。

grey squirrel の情報については第2段落に述べられている。「含まれないもの」を選ぶには段落内のスケッチ作業による一斉検索が最も有効。

第1文　introduced from North America　＝④

第2文　competed with red squirrels for resources　＝②

第4文　the animal is larger　＝③

第10文　Grey squirrels also carry the squirrel pox virus, a disease that kills red squirrels.　＝①

正解は⑤。

問2　★★★☆☆

訳 「灰色リスが冬を生き延びる秘訣」のスライドで，灰色リスが冬に有利になる特徴を2つ選びなさい。（順序は関係ない。）| 45 |・| 46 |

① 都市は冬でも十分に暖かいので地下で生活することができる。
② **事前に体に蓄えた脂肪を利用できる。**
③ 餌をいくつかの隠れ場所に置く。
④ 茂みに巣を作ることで，外敵から身を隠すことができる。
⑤ 冬の間寝ていることでエネルギーを節約できる。

解説

Keys for Search

①「地下」，②「脂肪」，③「いくつかの隠れ場所」，④「巣」，⑤「寝ている」。

Areas for Search

第2段落中「冬」について述べている部分。

冬についての記述は第2段落第6～9文。

第7文　they store more body fat ＝②
第8文　they place winter food in several hiding places ＝③

で終了。正解は②と③。④と⑤は第9文に grey squirrels do not sleep through the winter, but instead build nests in trees から不正解。①については「地下」に関する記述なし。

問3　★★★☆☆

訳 「赤リスの特徴」のスライドの赤リスのイラストの各部位に名称を入れて完成させなさい。| 47 |

① (A) 爪　(B) 白い下腹部　(C) ひげ　(D) ふさふさの尻尾　(E) 房状の毛
② **(A) 房状の毛　(B) ひげ　(C) 爪　(D) 白い下腹部　(E) ふさふさの尻尾**
③ (A) 房状の毛　(B) 白い下腹部　(C) ふさふさの尻尾　(D) 爪　(E) ひげ
④ (A) ひげ　(B) 爪　(C) ふさふさの尻尾　(D) 白い下腹部　(E) 房状の毛
⑤ (A) ひげ　(B) 房状の毛　(C) 爪　(D) ふさふさの尻尾　(E) 白い下腹部

解説

Keys for Search

(A)～(E) の語句。

Areas for Search

第1段落中「身体的特徴」を説明する部分。

tail「尻尾」，claw「爪」に加え，underbelly が belly「腹部」から「下腹部」であることは明らか。(C) claws, (D) white underbelly, (E) bushy tail で正解は②。

問4　★★★★☆

訳 最後のスライドの主張として最も適切なものはどれか。| 48 |

① 生態系には通常多種多様な種が存在するが，灰色リスと赤リスの対立は生態系が

保持できる種数には限界があることを示している。

② 外来種は一度地域内に定着してしまうと駆除するのが難しいため，各国はその拡散を制御するために特別な対策を講じなければならない。

③ 他より優位に立つ種は次第に生態系を支配するようになる。この自然界の事実は，大きな生き物だけでなく，リスのような小さな生き物にも当てはまる。

④ これほど多くの赤リスが失われたことは，国家が海外からやって来るペット，特に到着前に適切な検査を受けていないペットを制限しなければならない理由を示している。

解説

Keys for Search

選択肢を読むと，求められている解答は本文の「結論」であることがわかる。

Areas for Search

最終段落。

最終段落では赤リス保護のための方法として「灰色リスの個体数抑制」と「天敵の導入」2つが挙げられており，アイルランドの例が詳細に説明されていることから「天敵の導入」が同段落のテーマであることがわかる。本文の「結論」は最終文，the UK should learn from Irish and use pine martens to help save the red squirrel from extinction であり，この内容を受けた選択肢は②。従って② が正解。

問5　★★★★☆

訳　マツテンの役割について推測できることは何か。 49

① 特定の捕食動物を導入することで外来種の影響を軽減できる場合があり，そのような自然な方法は人間が一般的に用いてきた他のアプローチに取って代わることができる。

② マツテンはリス全体の個体数を減らす鍵であり，アイルランドとイギリス全域にもっと導入すべきである。

③ マツテンと赤リスが協力することで両方の種が生き残ることができる。この協力関係は，灰色リスが導入されると崩れる傾向がある。

④ マツテンがいることで山間部の灰色リスの個体数が守られている。これは，なぜ両種がこのような厳しい環境でお互いを必要としているのかを示している。

解説

Keys for Search

「マツテン」。

Areas for Search

最終段落（pine martens の例の部分）。

アイルランドではマツテンが増えたことで灰色リスの数が減少，赤リスの個体数が回復したことが述べられている。最終段落第 11 文の this was achieved without traps, chemicals, or other non-natural methods からも「マツテンの役割＝天敵の導入による外来種の影響軽減＝他のアプローチの代替法」であり，正解は①。

2nd

➡ 問題 別冊 P.58

解　答

B

問1	44	④
問2	45 — 46	③, ④
問3	47	①
問4	48	①
問5	49	③

英文の訳

あなたは発表の準備をしています。ミールキットの新しい動きについてスライドを作成するために，以下の文章を使います。

　栄養学の専門家たちは，外食よりも家で料理をするほうが健康的だという意見で一致している。それでも，食料品の買い出しや調理に苦労している人は多い。冷凍食品という選択肢もあるが，レストランでの食事よりヘルシーでないことも多い。この問題を解決するために，ミールキットの定期販売を始めた企業がある。ミールキットとは，箱詰めされた食材が，家に配達されるものである。このキットは，基本的な調理技術と時間に余裕のない人のために設計されているため，人は材料を組み合わせたら，加熱するだけでよい。代表的なキットの1食分の例は，580gで678キロカロリーだ。この業界のメインターゲットであるキット購入者の平均年齢は30〜60歳で，高所得，高学歴で子供を持つ人々である。以前にも，スパイスミックスや乾物など，食料品店で似たような食事の準備商品はあったが，それらはたいてい自分で肉や野菜を買う必要があった。対照的に，これらの新しいミールキットには通常，新鮮な果物，野菜，魚，肉，が含まれており，1食分の調理に必要なものがすべて含まれている。しかも，食べる人が「満腹感」を感じられるよう考えられた分量はちょうどいいサイズになっている。さらに，各ミールキットの内容は，良好な健康のためのレッスンにもなる。オーストラリアのフリンダース大学のケイシー・M・ディクソン博士によると，ミールキットは栄養についての自己学習など，前向きな習慣を促進する。また，利用者は他では食べないような料理を試す機会も楽しんでいる。さらに，ミールキットのメニューは定期的に更新されるため，利用者がメディアで目にするような新しい食の流行が含まれていることも多い。

　市場調査会社は，ミールキットが多くの理由で幅広い成功を収めていると指摘している。キットは栄養士によって設計され，政府当局によって承認されている。多くのミールキットには，オーツ麦のような健康的な食材が含まれている。実際，オーツ麦は全粒穀物で，炭水化物とともに良質のタンパク質と脂肪を供給するため，スーパーフードと考えられて

いる。オーツ麦の主要部分はデンプンを含む胚乳で，栄養価の高いタンパク質を含むア
リューロン細胞の外層がある。粒の底には小さな胚芽があり，良質の脂肪を豊富に含んで
いる。胚乳を覆っているふすまや種皮は，食物繊維，ビタミン，ミネラルを含み，健康に
寄与している。オーツ麦の「ハスク（外皮）」と呼ばれる外側の食べられない層だけが，
加工時に取り除かれる。チアシードもまた，ミールキットによく登場するスーパーフード
だ。加工されていないこの小さな種は，味に影響を与えることなく，ほとんどの料理に加
えることができる。

　ビーガンからステーキやシーフードまで，さまざまなタイプの食事が用意されている。
さらに，ミールキットの購入は簡単で，利用者はウェブサイトやアプリを通じて小売店に
便利に注文することができる。

　しかし，この業界は競争が激しい。市場参入障壁が低いため，新規企業が定期的に参
入し，利用者に大幅な値引きを提供するため，利用者は現在利用しているミールキット事
業者から新しい事業者へ変更することが多い。その結果，この市場の企業は終わりのない
価格競争に巻き込まれている。さらに，この分野の営業コストは高い。具体的には，企業
はコンピューター機器，倉庫，トラックにかかる費用を賄わなければならない。このよう
な状況下では，利幅はしばしば薄く，あるいはマイナスにさえなり，多くのミールキット
企業が失敗に追い込まれる。この分野での成功は，企業が着実に業績を上げ，消費者の
嗜好の変化に迅速に対応できる場合にのみ可能である。これができる企業にとっては，か
なりの利益を得ることができる。このビジネスモデルは急速に拡大し，2015年には450
万人の加入者が13億ドルを費やした。その後，加入者数は急速に伸び，2023年には
2800万人に達し，同年の売上は82億ドルに達した。利益と加入者数の両方におけるこ
の増加は，技術，原材料の仕入れ，配送の改善，および新型コロナウイルス感染症の世
界的流行によるオンラインショッピング全体の後押しによるものである。

　ミールキットは人気があり，人々の健康に有益であることが証明されているが，いくつ
かの懸念もある。例えば，1食分の食材は通常，小さな容器にたくさん詰められている。
これでは，複数回の食事を用意するために大量に購入するよりもはるかに多くの廃棄物が
出る。農産物も，スーパーマーケットで包装されていない品とは異なり，通常ビニールで
包装されている。こうした懸念にもかかわらず，ミールキットは食料品業界の革新的な部
分として成長している。

発表のスライド：

ミールキット：
おいしく食べる新しい方法

---

１. 基本情報：
代表的なミールキット

・１回の食事に十分な量
・代表的な定期購入者は　44

---

２. ミールキットの成功

・栄養士が考案
・より健康的な食事ができるよう設計
　✓限られた分量
　✓厳選された食材
　✓政府によって承認済み

---

３. ミールキット市場の秘密

・　45
・　46

---

４. オーツ麦の断面
　47

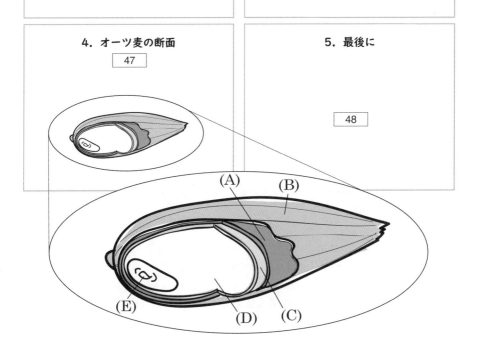

(A)　(B)

(E)

(D)　(C)

---

５. 最後に

　48

kit	名 道具一式	endosperm	名 胚乳

第1段落

eat out	熟 外食する
alternative	名 選択肢
subscription	名 定期販売，予約購入
ingredient	名 材料
combine	動 ～を組み合わせる
require 人 to *do*	
	熟 (人)に～するように要求する
dish	名 料理

第2段落

nutritionist	名 栄養士
oat	名 (穀物の)オーツ麦
grain	名 穀物
fat	名 脂肪
along with ～	熟 ～と一緒に
carbohydrate	名 炭水化物

aleurone cells	熟 アリューロン細胞
nutritious	
	形 栄養のある，栄養価が高い

第3段落

retailer	名 小売店，小売業者

第4段落

profit	名 利益，もうけ
revenue	名 収入，収益
purchasing	名 購入，仕入れ
shipping	名 輸送，配送

第5段落

prove	動 ～を証明する
concern	名 懸念
container	名 容器
multiple	形 多様な，多数の
innovative	形 革新的な

解　説

問1　★★★☆☆

訳　44 に含まれないものはどれか。

① 高い収入を得ている
② 食の種類を楽しんでいる
③ 高等教育を受けている
④ **ベジタリアン料理を好む**
⑤ 中高年と若者の間

解説

Keys for Search

① 「**高収入**」，② 「**食の種類**」，③ 「**高等教育**」，④ 「**ベジタリアン**」，⑤ 「**中高年＋若者**」。

Areas for Search

第1段落。

購入者の特徴については第1段落に述べられている。第8文，between 30 and 60 years old, upper-income, highly educated, and has children から①，③，⑤ が不正解となり，同段落第14文，Customers also enjoy the chance to try dishes they might not have otherwise eaten. から② も不正解が決まる。正解は④。

問2　★★★☆☆

訳　「ミールキット市場の秘密」のスライドについて，企業が対処しなければならないこの市場の主な特徴を2つ選びなさい。（順序は関係ない。）　45 ・ 46

① 食品オプションは定期的に何らかの賞を受賞する必要がある。
② 投資家は先進的な栄養学研究に積極的に資金を提供するに違いない。
③ **この分野での競争は価格を下げている。**
④ **利用者に提供されるメニューは種類に富んでいる必要がある。**
⑤ 商品の発売には大学や政府の推薦が必要である。

解説

Keys for Search

①「賞」，②「投資家」，③「価格＋下がる」，④「メニュー」，⑤「大学・政府＋推薦」。

Areas for Search

「市場」について述べられている第4段落。

第3文　companies in this market are in a never-ending price war ＝③
第7文　Success in this field is only possible when ... で，成功の条件が「消費者の嗜好の変化に迅速に対応できる」ことであると述べられている。　＝④
従って，正解は③と④。①，②，⑤については一切記述がない。

問3　★★★★☆

訳　オーツ麦の粒のイラストに欠けている名称を補い，スライド「オーツ麦の断面」を完成させなさい。　47

① **(A) アリューロン細胞　(B) 外皮　(C) ふすま　(D) 胚乳　(E) 胚芽**
② (A) ふすま　(B) 胚芽　(C) 外皮　(D) 胚乳　(E) アリューロン細胞
③ (A) 胚乳　(B) アリューロン細胞　(C) 胚芽　(D) ふすま　(E) 外皮
④ (A) 外皮　(B) アリューロン細胞　(C) ふすま　(D) 胚乳　(E) 胚芽
⑤ (A) 外皮　(B) 胚乳　(C) 胚芽　(D) アリューロン細胞　(E) ふすま

解説

Keys for Search

(A)～(E) の語句。

Areas for Search

第2段落。

オーツ麦についての説明は同段落第3文から。同文以降を一斉検索しつつ「わかりやすいもの」から特定，選択肢を減らしていくのがコツ。第6文に a small germ at the bottom of the grain とあることから一気に①か④に絞られる。①と④の違いは husk と aleurone cells の2つなので一斉検索。第8文で husk について the uneatable outer layer of the oat grain と述べられている。これで husk が「一番外側」と判断できる。正解は①。

問4　★★★☆☆

訳　最後のスライドの主張として最も適切なものはどれか。 48

① ミールキット事業者は一般の人々に貴重な健康サービスを提供している。しかし，その廃棄物の排出量が環境に与える影響は無視できない。
② ミールキット企業は，家庭で調理するよりも低価格で優れた品質の食事を提供する。この新しいビジネス分野は急成長を遂げるに違いない。
③ 健康上の利点はまだ不明だが，ミールキットを利用することで，人々は大幅な時間の節約と種類に富んだ食事を楽しむことができる。
④ 競争の激しいミールキット・サービスの分野では，小企業や新興企業が長く生き残る可能性は低い。

解説

Keys for Search

「結論」。

Areas for Search

最終段落。

第1文の popular and beneficial to public health が「人々に貴重な健康サービスを提供」していることを示し，第3文でミールキットの懸念点については produces much more waste が，「廃棄物の排出量が環境に与える影響は無視できない」ことを示している。① が正解。

問5　★★★★☆

訳　ミールキットの人気について推測できることは何か。 49

① ミールキットは一般アメリカ人の健康レベルの向上に大きく貢献しているため，医師は推奨している。
② たいていのレストランを好まない人も，ミールキットは種類が豊富なことから好んでいる。
③ ミールキットはさまざまな年代のビジネスマンの忙しいライフスタイルに最適であり，今後も人気が続く可能性がある。
④ 他の場所で提供できるような廃棄食品がたくさん出るので禁止すべきだ。

解説

Keys for Search

①「医師＋推奨」，②「レストラン＋好まない」，③「ビジネスマン＋ライフスタイル」，④「廃棄＋禁止」あたりの意味。

Areas for Search

全体。

消去法が高効率。本文は全体としてミールキットをプラス評価していることから④「禁止」が論外であることはわかる。残る3つのうち，①「医師」が本文に述べられていないことを確認し，最後に②「レストラン」が第1段落第3文に現れるものの選択肢の内

100

容と無関係であり，他に現れないことから②を消去，正解③を導くことができる。第1段落第6文の a small amount of time から「忙しい」や第8文の between 30 and 60 years old, upper-income から「さまざまな年代のビジネスマン」を特定するより確実。

Column リーディング力アップのための Q&A ④

Q. 読むのに時間がかかってしまいます。どうすればいいですか？

A. 「読解力のスタミナ」を鍛えましょう。

☞この悩みは，受験勉強がある程度のレベルに達したときに「すべての受験生に立ちはだかる壁」と言っていいでしょう。つまり，この悩みを感じるということは，それだけ勉強をしっかり進めてきた証しでもあります。

　速さを鍛えるには「スタミナ」をつけるしかありません。運動と同じです。スタミナをつけるために毎日ランニングを，それも同じコースを何周も走りますよね？　英文の読解においても同じことが当てはまります。とにかく毎日英文を読みましょう。また，「一度しっかり読んだ文章」を「何度も」読みましょう。そうすることで「スピードアップ」に集中して取り組むことができます。言うまでもなく，**大学入試で出題された英語長文が最高の素材です。**

第A問

▶ 問題 別冊 P.64

解答

問1	1	③		
問2	2	②		
問3	3—4	②, ③	5	④
問4	6	②		
問5	7	④		

英文の訳

あなたは，自律走行型電気自動車（AEV）を日本で広く販売すべきかどうかについてのエッセイに取り組んでいます。以下の手順に従います。

　　ステップ1：電気自動車に関するさまざまな見解を読み，理解する。
　　ステップ2：日本におけるAEVの利用について立場を決める。
　　ステップ3：追加資料を用いてエッセイのアウトラインを作成する。

[ステップ1] さまざまな資料を読む

著者A（電気技術者）
自律走行型電気自動車（AEV）は，遅かれ早かれ日本で広く販売されるだろう。AEVはすでに欧米や中国の一部の都市で運行されており，充電スタンドが利用可能になれば，いつか日本の都市や町にも普及するだろう。AEVは乗客に移動中にくつろぎの時間と空間を提供する。オフィスワーカーは仕事の行き帰りにプロジェクトの一部を終わらせることもできる。また，コンピューターが操作する自動車は慎重に運転し，人間のミスを避けるため，自律走行車はより安全だ。

著者B（気候科学者）
AEVは，特に大都市では私たちの交通ニーズを満たす前向きな手段であるように思われる。しかし，広く製造されるべきではない。これらの自動車を製造する工場は多くの公害を発生させる。さらに，充電スタンドに必要な電気エネルギーの生産も汚染をもたらす。加えて，多くの研究によれば，AEVは非常に便利なので，より大量に購

入されより頻繁に使用される可能性がある。これは公害を増加させるだろう。私たちは，あらゆる種類の自動車の生産と運転を止め，クリーンな公共交通機関に切り替える必要がある。

著者C（人権活動家）

ある意味，AEVはすばらしい。人口過密都市の大気汚染を減らすのに役立つかもしれないし，自動車利用者にとっても安全だ。しかし，AEVの生産は多くの労働法と環境法に違反している。例えば，AEVのバッテリーに使用される材料は，特にラテンアメリカ，アフリカ，アジアの危険で汚染度の高い鉱山から採掘されることが多い。これは人権や労働権の観点からも許されることではない。私たちはアムステルダムやコペンハーゲンではごく一般的な自転車などの他の日常的移動手段を見つけなければならない。

著者D（交通プランナー）

現在，日本の電力生産のほとんどは，石炭や石油といった「汚染源となる」燃料を使用している。そのため，生産現場では深刻な環境汚染が引き起こされている。AEVは，クリーンエネルギーネットワークの一部として，このような環境汚染を減らすことができる。このネットワークには，クリーンエネルギーを利用した自動車工場，全国にある何千もの充電スタンド，ワイヤレスでバッテリーを充電する道路などが含まれる必要がある。私たちはまだそのようなネットワークを構築していないが，AEVを大規模に製造し始める前に，その構築に着手しなければならない。

著者E（ファンドマネージャー）

クリーンエネルギーファンドは，2030年までに約5兆6,000億米ドルに達すると言われており，これらのファンドはおそらく大きな利益を生むだろう。多くの投資家が，AEVを含むクリーンエネルギー製品に期待を寄せている。AEVを生産する企業は，市場シェアを拡大し，より多くの従業員を雇用し，より多くの技術革新を世にもたらすことができるだろう。電気自動車（EV）ファンドやAEVファンドの中には，他の自動車ファンドよりもはるかに好調なものもある。投資家たちは，インフラが改善され，AEVが未来の自動車であることを人々が認識するにつれて，我が国ではより多くのAEVが道路を走るようになると確信している。

語 句

Autonomous Electric Vehicles	available	形 利用可能な
名 自律走行型電気自動車	avoid	動 ～を避ける
operate　　　動 ～運行する	manufacture	動 ～を製造する

103

pollution	名 汚染，公害	fuel	名 燃料
charge	動 ～を充電する	coal	名 石炭
public transportation		scale	名 規模
	名 公共交通機関	investor	名 投資家
polluted	形 汚染された	innovation	名 技術革新，イノベーション
mine	名 鉱山	car fund	熟 自動車ファンド
labor rights	熟 労働者の権利	infrastructure	名 インフラ，基盤

解 説

問1 ★★★☆☆

訳 著者Aと著者Eはともに ｜ 1 ｜ ことに言及している。

① AEVはガソリン車よりクリーンなエネルギーを使うので効率がよい

② AEVは非常に高価で高度な技術を使用している

③ クリーンエネルギー車の製造は，そのさまざまな利点から確実に成長すると予想される

④ AEV企業の株式は，他のほとんどの株式よりもすでに価値が高くなっている

解説

Keys for Search

①「効率のよさ」，②「高度な技術」，③「さまざまな利点」，④「株式」。

Areas for Search

著者Aと著者E。

著者AはAEVについて「普及する」の立場。さまざまな理由を挙げていることから③が該当する。著者EはAEVをクリーンエネルギー製品と言っていて，AEVの市場シェアの拡大に触れている。従って③が正解。

問2 ★★☆☆☆

訳 著者Dは ｜ 2 ｜ ことを示唆している。

① バッテリーの設計に問題が多い限りAEVは安全ではない

② AEVの大規模生産と利用を促進する前に，クリーンエネルギーのインフラが必要である

③ AEV用の充電スタンドの数を増やすためには，ガソリンスタンドを閉鎖しなければならない

④ 多くの人が日常的な移動にAEVを使い始めると，道路での自動車のワイヤレス充電ができなくなる

解説

Keys for Search

①「バッテリー設計」，②「インフラ」，③「充電スタンド」，④「ワイヤレス充電」。

Areas for Search

著者 **D**。

後半の第 4, 5 文が解答情報にあたることに気づく。第 4 文で clean energy-based car factories や thousands of charging stations や roads that wirelessly recharge batteries が a clean energy network の具体例であることを改めて把握。最終第 5 文の we must begin building it ... から正解は②。

英文の訳

[ステップ 2] 立場を決める

問3 さまざまな意見が理解できたところで，あなたは「AEV は大量生産すべきではない」という立場をとり，以下のように書き出しました。 3 , 4 , 5 を完成させるために最も適切な選択肢を選びなさい。

あなたの立場：自律走行型電気自動車は大量生産すべきではない。

・著者 3 と 4 はあなたの立場を支持している。

・2 人の著者の主な主張： 5 。

3 と 4 の選択肢（順序は関係ない。）

① A
② B
③ C
④ D
⑤ E

5 の選択肢

① AEV のバッテリーは，一般家庭がこれらの製品を購入できない国で生産されている
② AEV はガソリン車ほど速くないので，広く販売してはならない
③ 充電スタンドに関するコストが下がらない限り，人々は AEV に興味を示さない
④ 社会は自動車を使用する代わりに，他の移動手段の選択肢に焦点を当てるべきである

解 説

3 4 ★★★☆☆

解説

Keys for Search

あなたの立場＝ **AEV** に「反対」（＝マイナスイメージ）。

Image Approach

著者 **A～E** の各主張から **AEV** の「イメージ」を確認する。

著者 A　プラスイメージ＋いろいろ便利

著者B　マイナスイメージ＋環境汚染

著者C　マイナスイメージ＋労働問題と環境問題

著者D　プラスイメージ＋その前にやることあり

著者E　プラスイメージ＋利益・雇用・技術革新

マイナスイメージはBとCの2人。よって正解は②と③。

解説

Keys for Search

①「国」，②「速度」，③「充電スタンドのコスト」，④「他の移動手段」。

Areas for Search

著者Bと著者C。

まずは著者B。第1〜6文はいずれのキーも空振り。最終文にようやくswitch to clean public transportationとある。著者Cも最終文にfind other methods of daily travelとある。正解は④。

英文の訳

［ステップ3］資料Aと資料Bを使ってアウトラインを作成する

エッセイのアウトライン：

自律走行型電気自動車は実用的ではない

はじめに

　AEVはまだ多くの問題を抱えている。

本文

　理由1：［ステップ2より］

　理由2：［資料Aに基づく］……　6

　理由3：［資料Bに基づく］……　7

結論

　AEVは広く製造されるべきではない。

資料A

自律走行型電気自動車には多くの可能性がある。ミシガン大学の研究によれば，自律走行車の事故率は人間が運転する車の半分以下である。AEVはまた，外国人観光客がかなり簡単にAEVを利用できるため，観光を促進する可能性もある。とはいえ，多くの課題を伴う。例えば，自動車用バッテリーの製造は難しく，環境汚染も大きい。実際，EV車の製造はガソリン車の製造よりも多くの汚染を引き起こしている。加え

て，特に車内のバッテリーにより，AEVはリサイクルも難しい。最も重要なのは，AEVはほとんどの人にとって高価すぎるということだ。例えば，アメリカではEVはガソリン車の2～3倍の所有費，保険料，運転費がかかることが多く，AEVはEVよりさらに高い。

資料B

人々は自律走行型自動車の利用にさまざまな懸念を抱いている。アーサー・D・リトルのある研究は，人々がこうした新しい自動車に懸念を抱くさまざまな理由を示した。

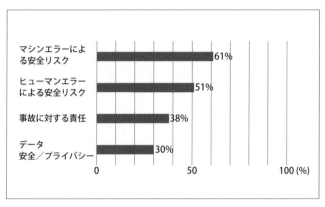

自律走行型自動車に対する懸念

語 句

potential	名 可能性	concern about ～	熟 ～を懸念している
rate of ～	熟 ～の割合	due to ～	熟 ～が原因で
promote	動 ～を促進する	liability	名 責任，信頼性
fairly	副 かなり	incident	名 事故
illustrate	動 ～を説明する		

解 説

問4 ★★★☆☆

訳 資料Aに基づき，理由2として最も適切なものはどれか。 ⬚6

① AEV各社は値引きをしすぎているが，人々はまだ車を買う準備ができていない。

② **AEVはガソリン車よりも利点がいくつかあるが，価格の面では多くの人にとって高すぎる。**

③ 潜在的な自動車購入者の多くは，AEVの手頃な価格の技術だけでなく，そのユニークなデザインにも魅力を感じている。

④ お金持ちは自律走行車の安全に関して多くの懸念があるので，AEV よりもガソリン車を好む。

解説

Keys for Search

① 「値引き」，② 「価格」，③ 「デザイン」，④ 「お金持ち」。

Areas for Search

資料 A。

冒頭から検索にかからない文が続き，ようやくたどり着くのが第7文とそれに続く最終文。この2つの文の中に too expensive for most people から始まり，3回も expensive という語が使われている。正解は②。

問5　★★★★★

訳　理由3について，あなたは「AEV は今のところ非現実的である」と書くことにした。資料 B に基づき，この記述を最も支持する意見はどれか。　7

① 自律走行車のマシンエラーを心配する人は約半数で，ヒューマンエラーを心配する人よりやや少なかった。とはいえ，どちらも信頼性を懸念する人の2倍以上の値であった。

② 4分の1近くの人が自律走行車のヒューマンエラーを懸念していた。これは，マシンエラーやデータの安全性に対する懸念の割合の半分だった。

③ 3分の2近くの人が自律走行車のヒューマンエラーやマシンエラーを懸念しており，法的責任やデータの安全性についても同様の割合で懸念が表明されていた。

④ 5分の3強の人が機械が原因の交通事故を懸念しており，半数強の人がヒューマンエラーを懸念していた。法的な問題やデータの安全性に関する懸念はそれほど高くなかった。

解説

Keys for Search

選択肢から語句を拾うよりもグラフを①から順に照らし合わせたほうが早い。

Areas for Search

選択肢。

① 「自律走行車のマシンエラーを心配する人は約半数」…61％を「約半数」というのはかなり無理がある。

「ヒューマンエラーを心配する人よりやや少なかった」…全然違う。不正解。

② 「4分の1近くの人が自律走行車のヒューマンエラーを懸念」…デタラメ。不正解。

③ 「3分の2近くの人が自律走行車のヒューマンエラーやマシンエラーを懸念」…マシンエラーはともかくヒューマンエラーは全然近くない。

「法的責任やデータの安全性についても同様の割合で懸念」…していない。不正解。

正解は④。上記のとおり，焦らずていねいに照合させる。

第B問

▶▶ 問題 別冊 P.70

解 答

問1	1	①
問2	2	①
問3	3	③
問4	4	④

英文の訳

英語の授業で，あなたは関心のある社会問題についてエッセイを書いています。これはあなたの最新の原稿です。現在，先生からのコメントをもとに修正に取り組んでいます。

空き家に新しい生活を	コメント
日本には家が多すぎる。高齢化，世帯数の減少，出生率の低下が進む中，2018年の日本の空き家は全国で848万9,000戸だった。2030年には30%の家が空き家になると予測する専門家もいる。その結果，火災の増加や景観の荒廃を招くことになる。「空き家」と呼ばれるすべての余分な家屋の解決策を見つけることは喫緊の課題である。このエッセイでは使われていない家屋に対処するための3つの方法について論じる。	
第1に，空き家に新しい用途を与えることである。住宅会社の中には，住宅の所有者や地域社会と協力して，住宅を物置や公民館，中小企業，仕事場に変えるところもある。⁽¹⁾そのため，地方自治体が新しい用途への変更資金を援助すべきである。	(1) ここに何かが足りない。2つの文の間にさらに情報を追加してつなげよう。
第2に，古い住宅の改装である。需要は低いかもしれないが，古い家屋の中には，改装して賃貸住宅にしたり転売して利益を得ることができるものもある。⁽²⁾住宅販売業者は，空き家を直接購入し，修繕してから買い手に販売することに成功している。	(2) ここに接続表現を入れる。
最後に，⁽³⁾将来の家を考えることだ。長い間空き家になっていた家は修理するには傷みすぎているかもしれないが，まだ使える材料もある。家の材料は家具にリサイクルしたり，将来の計画に使うために取っておくことができる。	(3) このトピックセンテンスはこの段落に合っていない。書き直すこと。

結論として，人口が減少するほど空き家の数は増える。未使用の家屋は，新たな用途を見つけたり，⁽⁴⁾新たな住宅を作り出したり，あるいは取り壊して不要な不動産を管理するためにリサイクルしたりすることができる。そうすることで，地域社会は持続可能な暮らしに取り組み，将来的に手入れされない建物や住宅価値の低下といった問題を回避することができる。

(4) 下線部の表現はエッセイの内容を十分に要約していない。変更すること。

全体についてのコメント：
すばらしい！　優れた文章を書けるようになりつつあります。（あなたの家の近くに空き家はありませんか？）

語　句

第1段落

empty house	熟	空き家
aging population	熟	高齢化(する人口)
birth rate	熟	出生率
nationwide	副	全国的に
predict	動	～を予測する
devastation	名	荒廃，破壊
urgent	形	喫緊の，急を要する
cope with ～	熟	～に対処する

第2段落

storage	名	保管，収納庫

第3段落

remodel	動	(建物)を改装する
resell	動	転売する
profit	名	利益

第4段落

repair	動	修理する
material	名	材料

第5段落

property	名	不動産，財産
sustainable	形	持続可能な

解　説

問1　★★★☆☆

訳　コメント (1) を踏まえて，付け加える文として最も適切なものはどれか。□1□

① 一般に，その家の新しい用途は地域社会に価値をもたらす。
② 私の意見では，空き家は地方自治体に寄付されなければならない。
③ むしろ，家の用途を変更することはしばしば別の問題を引き起こす。
④ 一方で，住宅の所有者は建物の撤去費用を支払わなければならない。

解説
第2段落のトピックは「空き家に新しい用途を与える」こと。(1) の直前直後の論理関係は原因結果。2つの条件に最適な選択肢を考える。

Keys for Search
①「地域社会＋価値」，②「自治体＋寄付」，③「別の問題」，④「撤去費用」。

第2段落。

② は段落のトピックから逸脱している。また「私の意見」である以上，直後との原因結果の関係が成り立たない。よって不正解。③ も段落のトピックにそぐわないため不正解。④ は一見すると直後との因果関係が成り立つように思えるが，選択肢の remove the building は，直後の文の the change to a new purpose と内容が異なっているため不正解。正解は①。

問2　★★☆☆☆

訳　コメント (2) を踏まえて，付け加える表現として最も適切なものはどれか。 　2　

① 実際に
② さらに
③ そういうわけで
④ さらに

解説

直前直後の論理関係を考える。

①「補足説明」，②「並列」，③「原因結果」，④「並列」。

第3段落。

② と ④ はどちらを入れても同じになってしまうため除外。直前の can be updated and ... resold to earn profits と直後の fixed them up before selling them to buyers は内容が同じ。直前で示された内容を住宅販売業者が「実際に」行っているというつながりになる。正解は①。

問3　★★☆☆☆

訳　コメント (3) を踏まえて，トピックセンテンスを書き換えるのに最も適切な方法はどれか。 　3　

① 余分な家を壊す
② 使われていない家屋を再建する
③ 家屋から出る資材をリサイクルする
④ 住宅販売業者に空き家を売る

解説

段落のトピックを考えるにはその後に述べられている「トピックの具体的な展開内容」を確認して，それを「ひと言でまとめる」イメージで作業する。

①「壊す」，②「再建」，③「リサイクル」，④「売る」。

第 4 段落。

段落が短いので確認部分も少なく正解にたどり着くのは容易。最終文 can be recycled ... or saved から正解は③。

問 4　★★★★☆

訳　コメント (4) を踏まえて，代わりの表現として最も適切なものはどれか。　4

① 地方自治体に譲渡する

② 再塗装してきれいにする

③ 小企業のオフィスに変える

④ 新しい所有者のために改装する

解 説

最終段落が In conclusion で始まることから，「これまでのどの段落の内容」が「最終段落のどの内容」に一致するかをチェック，そこから下線部に「どの段落の内容」を当てはめるかを考えて，該当段落のトピックにあたる選択肢を選ぶ。

Keys for Search

①「譲渡」，②「再塗装」，③「目的変更」，④「改装」。

Areas for Search

全段落。

下線部直前の find a new purpose が第 2 段落，直後の recycled が第 4 段落の内容に一致していることを確認，そこから下線部を第 3 段落のトピックに入れ替えるという流れ。第 3 段落のトピックは「改装」。正解は④。

模試にチャレンジ 解答一覧（100点満点）

問題番号 （配点）	設問	解答 番号	正解	配点
第1問 （10）	A	1	1	②	2
		2	2	②	2
	B	1	3	①	2
		2	4	②	2
		3	5	④	2
第2問： 新課程 第B問対応 （22）	A	1	6	②	2
		2	7	②	2
		3	8	④	2
		4	9	④	2
		5	10	③	2
	B	1	11	①	3
		2	12	①	3
		3	13	④	3
		4	14	①	3
第3問 （8）	1	15	②	3*
		16	④	
		17	①	
		18	③	
	2	19	③	2
	3	20	①	3

問題番号 （配点）	設問	解答 番号	正解	配点
第4問： 新課程 第A問対応 （18）	1	21	②	3
	2	22	③	3
	3	23-24	① ④	3*
		25	①	3
	4	26	②	3
	5	27	①	3
第5問 （15）	1	28	①	3
	2	29	②	3
	3	30	⑤	3*
		31	②	
		32	③	
		33	①	
	4	34	④	3
	5	35-36	② ④	3*
第6問 （27）	A	1	37	②	3
		2	38	②	3
		3	39-40	① ②	3*
		4	41	④	3
	B	1	42	②	3
		2	43-44	③ ⑤	3*
		3	45	④	3
		4	46	④	3
		5	47	④	3

（注）
1　＊は，全部正解の場合のみ点を与える。
2　－（ハイフン）でつながれた正解は，順序
　を問わない。

第**1**問A

▶▶ 問題 別冊 P.74

解答

問1	1	②	(各2点)
問2	2	②	

英文の訳

あなたはアメリカ合衆国に留学中で，放課後の活動として，2つの公演から1つを選んで見に行くように言われています。先生からこのプリントを渡されました。

金曜日の公演

シティオペラハウス 『**魔法のギター**』 あらゆる年齢層の観客のためのオペラ公演	セントラルシアター 『**マックス・タクシー・レーサー**』 "高速"運転が大好きなパリのタクシー運転手のコメディ
◆午後6時開演。公演時間は3時間，途中15分の休憩を挟みます ◆英語による上演 ◆お飲み物はメインホールの外でお願いします ◆チケットはシティオペラハウスでお求めいただけます	◆午後5時開演。公演時間は2時間 ◆フランス語による上演。英語とドイツ語の字幕がつきます ◆ゲストラウンジでお食事とお飲み物をお出ししています ◆チケットはオンラインまたはチケット売り場でお求めいただけます

中高生は学生証の提示で入場無料。

指示：参加したいイベントにチェックマーク（✓）を入れ，保護者1名に署名と日付を記入してもらったうえで，できるだけ早く学校までこの用紙を返送してもらってください。

- -

☐『魔法のギター』
☐『マックス・タクシー・レーサー』
生徒名：＿＿＿＿＿＿＿＿＿＿＿＿＿＿＿＿＿＿
保護者の署名と日付：＿＿＿＿＿＿＿＿＿＿＿＿＿＿＿＿＿＿

after-school activity	熟 放課後の活動	available	形 入手できる
handout	名 プリント，配布物	running time	熟 上演時間
audience	名 観客	instruction	名 指示
permit	動 〜を許可する	signature	名 署名

解 説

問1　★☆☆☆☆

訳　プリントを読んだ後，何をするように求められているか。　1

① 公演を選んで親に支払い書への署名を求める。

② 選んだ公演に印をつけて親に提出を頼む。

③ 公演を見て先生に感想を言う。

④ 学校の友だちと話し合ってみんなで選ぶ。

解説

Keys for Search

選択肢のキーは①「支払い」，②「提出」，③「感想」，④「友だち」だが，設問文中の「指示」を探すほうが効率的。

Areas for Search

2つの公演の説明の後。

Instructions イコール What are you asked to do になる。and の後に have one parent sign, date, and return this form「保護者1名に署名と日付を記入してもらったうえでこの用紙を返送してもらってください」と書かれていることから正解は②。

問2　★☆☆☆☆

訳　両方の公演について正しいものはどれか。　2

① 会場への飲み物の持ち込み可。

② 人によって入場無料。

③ フランス語で上演。

④ 途中休憩あり。

解説

Keys for Search

①「飲み物」，②「無料」，③「フランス語」，④「休憩」。

Areas for Search

2つの公演の説明。

① はどちらも会場外。③ は『マックス・タクシー・レーサー』のみ，④ は『魔法のギター』のみ。従って正解は②。公演説明のすぐ後に，中高生に限り学生証の提示により Enter free と書かれている。

第1問B

▶ 問題 別冊 P.76

解答

問1	3	①	問2	4	②
問3	5	④			

（各2点）

英文の訳

あなたは小説を読むのが好きで，読書会に入りたいと思っています。ネットを見ているとき，興味深いグループを見つけました。

英日読書会へようこそ！

私たちは東京都渋谷区にあるグループで，英語，日本語のどちらか，またはその両方を話す50人以上のメンバーがいます。月に1度，東京のカフェに集まって，日本人か西洋人の著者が書いた本について話し合っています。順番に，つまり，ある月に日本人が書いた本を取り上げたら，その次の月は西洋人が書いた本，という具合にやっていきます。通常は，メンバーが準備時間をとれるように，ミーティングの数か月前に本を選びます。

これは他の人々がそれぞれの本についてどう思っているかを聞けるすばらしい機会ですし，ストーリーをよりよく理解する助けにもなります。その本が自分の母語で書かれていないときにはなおさらです。

今後のミーティング：

6月2日（日）午後1時30分　＊カワムラズカフェ（東京）
　　本：『こころ』夏目漱石著

7月7日（日）午後3時30分　＊カワムラズカフェ（東京）
　　本：『大いなる遺産』チャールズ・ディケンズ著

8月4日（日）午後3時30分　＊カワムラズカフェ（東京）
　　本：『銀河鉄道の夜』宮沢賢治著

9月1日（日）午後1時30分　＊＊場所は未定
　　本：『高慢と偏見』ジェイン・オースティン著

＊カワムラズカフェは紅茶もコーヒーもすばらしいですし，おいしいケーキも豊富に揃っています！

＊＊カワムラズカフェは9月1日はお休みです。別の場所を選んで近日中にお知らせします。

詳しくはメールでお問い合わせください。

語 句

consist of ～	熟 ～から成る	～（時間）ahead of time	
meet up		熟 予定より～（時間）前に	
熟 （一緒に何かをするために）人と会う		upcoming	形 やがて起ころうとしている
once a month	熟 1か月に1度	expectations	名 遺産相続の見込み
take turns	熟 順番に（～）する	galactic	形 銀河の
and so on	熟 ～など	prejudice	名 先入観，偏見

解 説

問1 ★☆☆☆☆

訳 このお知らせの目的は ▢3 人々を見つけることである。

① このクラブに参加することに興味がある
② 東京都渋谷区に住んでいる
③ 英語と日本語を両方話す
④ 東京で新しい読書会を始めたい

解説

Keys for Search

①「参加」，②「渋谷区在住」，③「英語・日本語」，④「新しい読書会」。

Areas for Search

お知らせは3部構成で，(i)「読書会についての詳細説明」，(ii)「ミーティングのスケジュール」，(iii)「注」。

知りたいのは「お知らせの対象」だから，(i)「詳細説明」をサーチ。

タイトルが Welcome to English/Japanese Book Club!，さらに第2段落に This is a great opportunity to hear what other people think about each book, and it will help you to understand the story better と書かれていることから，you に会への参加を促していることがわかる。従って正解は① である。

問2 ★☆☆☆☆

訳 メンバーは次の4回のミーティングで ▢4 予定である。

① カワムラズカフェに集まる
② 午後に集まる
③ 英語と日本語の映画両方について話し合う
④ 日本の本だけについて話し合う

解説

Keys for Search

「次回の4回のミーティング」。

(ii)「ミーティングのスケジュール」。

次の 4 回のミーティングはいずれも午後 1 時 30 分または午後 3 時 30 分に開始される。従って正解は②。9 月 1 日は場所が未定となっており① は不正解である。

問 3　★★☆☆

訳　カワムラズカフェは | 5 | 。

① 新規に店舗を出す場所を探している

② さまざまな種類の本を売っている

③ 9 月 1 日まで休業する

④ 第 4 回目のミーティングの場所ではない

解 説

Keys for Search

①「新店舗」，②「本」，③「休業」，④「第 4 回」。

Areas for Search

エリアの予測は困難。選択肢ごとに判断する。

ほとんどの選択肢は読書会と「直接関係ない」内容であり，サーチエリアを絞ることは難しいため，選択肢ごとにコツコツ見つける必要がある。④ は「スケジュール」に関する内容であり，第 4 回の部分を確認すればよい。場所が空白で注のマークがあるので，下の注を見ると Kawamura's Café will be closed on Sep. 1. と書かれている。つまり，9 月 1 日にここでミーティングは開けないことがわかり，正解が④ に決まる。until「～まで」とは書かれていないので③ は誤り。①，② については一切述べられていない。

第**2**問A

▶▶ 問題 別冊　P.78

解　答

問1	6	②	(各2点)
問2	7	②	
問3	8	④	
問4	9	④	
問5	10	③	

英文の訳

あなたの学校では来月文化祭が行われます。あなたのクラスは文化祭のためにオリジナルTシャツをデザインすることに決めました。Tシャツをデザインしてプリントしてもらうために，よさそうなオンラインサービスを見つけました。

オリジナルTシャツをデザインしよう！
速くて簡単！　高品質・低価格・スピーディーな配送を保証！

ステップ1：ベースのシャツを選ぶ
1. **タイプ**　レギュラー／タンクトップ
2. **カラー**　クリックして選ぶ
3. **サイズ**　S×　／M×　／L×　／XL×　／2XL×　／3XL×　／

ステップ2：簡単オンラインツールでTシャツをデザインする
1. **フロント**
2. **背中**
3. **袖**（オプション：追加料金$5.00が適用される）

ステップ3：お届けオプションを選ぶ
1. **通常配送**：3〜4週間。無料。
2. **お急ぎ便**：2〜3日。1枚につき$2.00
（ご注文の品の発送準備には2，3日かかります。）

カスタマー評価とレビュー：
ジョナサン・K　2週間前　★★★★★
　このオンラインサービスはただただすばらしい！　デザインツールはとても使いやすくて，Tシャツの品質も最高，まさに私が望んでいた通りのシャツが手に入りました。値段は他の似たようなサービスに比べて安かったし，注文した品が予定より

３日早く届きました。

レイチェル・S　３週間前　★★★★★

このオンラインサービス，大好きで何回も利用しています。私はプロのデザイナーですが，ここのサービスで一番気に入っているのはカスタマーサービスのすばらしさです。聞きたいことや特別なリクエストがあっても，いつもとても親切にしてくれます。このオンラインＴシャツサービスは，オリジナルＴシャツをデザインしようと思っているすべての人にオススメです！

語　句

guarantee	動 ～を保証する	extra fee	熟 追加料金
base	名 基本	apply	動 適用される
sleeve	名 袖	shipping	名 配送，輸送
optional	形 選択できる，オプションの	rush	名 急ぐこと

解　説

問1　★★☆☆

訳　ウェブサイトによると，Ｔシャツの注文について正しいものはどれか。　6

① ４枚以上でお急ぎ便の送料が無料。

② 袖のデザインは別料金。

③ タンクトップのほうが安い。

④ 一番大きいサイズは１枚につき２ドルの追加料金。

解説

Keys for Search

①「お急ぎ便」，②「袖」，③「タンクトップ」，④「一番大きいサイズ」。

Areas for Search

サイトは(i)「商品の紹介」，(ii)「購入の詳細」，(iii)「カスタマーレビュー」の３部構成。(ii)「購入の詳細」を中心に検索する。Step 2 に Sleeve design (optional ...) とあることから②が正解である。「お急ぎ便」については Step 3，「タンクトップ」と「一番大きいサイズ」の価格については特に触れられていないため通常料金と判断できる。

問2　★★★☆

訳　通常配送を利用して確実に文化祭に間に合うようＴシャツが届くようにするためには，少なくとも　7　に注文しなければならない。

① １週間前

② ４週間半前

③ ４週間前

④ 3週間半前

解 説

Keys for Search

設問文中の「通常配送」。

Areas for Search

(ii)「購入の詳細」。

Step 3: Choose shipping options に通常配送とお急ぎ便について説明がある。通常配送の納期は3〜4週間，ただし発送準備に2，3日かかるとあることから，正解は②。

問3　★★☆☆☆

訳　Tシャツをデザインした経験がない人は，　8　からという理由でこのサービスを利用するかもしれない。

① プロのデザイナーからの助けが得られる
② カスタマーサービスがTシャツをデザインしてくれる
③ Tシャツが高品質である
④ 簡単に使えるオンラインのデザインツールがある

解 説

Keys for Search

①「プロのデザイナー」，②「カスタマーサービス」，③「高品質」，④「ツール」。
「デザイン経験がない人」が求めるものは？

Areas for Search

「読んだ記憶」を頼りに全体をザッとスキャンする。

①，②がサイト内容に反していることはすぐにわかるだろう。③「高品質」について触れているのはサイトの初めの High quality, low prices, and quick delivery guaranteed! の部分と Johnathan K. のコメントの the quality of the T-shirts is excellent の2か所。④「ツール」は冒頭の It's fast and easy! と Step 2: Design your T-shirts with our easy online tools，さらに Johnathan K. のコメントの The design tools are very easy to use の3か所。当然，触れられた回数が多いほうがこのサイトが「訴えたいこと」である。さらに，設問が「Tシャツをデザインした経験がない人」が惹かれる理由であることを考えれば，やはり正解は④と判断できる。

問4　★★★☆☆

訳　このウェブサイトで，このオンラインサービスに関する1つの**事実**は　9　ということである。

① 誰でもすばらしい経験ができる
② このサービスは実に速く簡単である
③ 梱包にはいくつかの選択肢がある
④ **自分のTシャツのサイズを選択できる**

選択肢を「客観＝事実」と「主観＝意見」に分別。

① 「すばらしい経験」＝主観＝意見，② 「速い・簡単」＝主観＝意見，

③ 「選択肢がある」＝客観＝事実，④ 「選択可能」＝客観＝事実。

③ 「梱包」，④ 「サイズ選択」。

(ii) 「購入の詳細」。

③ の梱包については記述がない。Step 1: Choose your base shirts の選択項目にサイズが含まれており，④ が正解である。注文する T シャツのサイズが選択できない店はこの世に存在しないだろう。

問5　★★★☆☆

訳　このウェブサイトで，このオンラインサービスに関する 1 つの**意見**は　　10　　ということである。

　　① このサービスを何度も利用した人がいた

　　② 高校生はこのサービスがとても気に入るだろう

　　③ **カスタマーサービスがとても親切だ**

　　④ デザインできるのは T シャツのフロント部分だけである

選択肢を「客観＝事実」と「主観＝意見」に分別。

① 「人がいた」＝客観＝事実，② 「気に入るだろう」＝主観＝意見，

③ 「親切だ」＝主観＝意見，④ 「デザインはフロントのみ」＝客観＝事実。

② 「高校生」，③ 「カスタマーサービス」。

(iii) 「カスタマーレビュー」が第 1 候補。

opinion を探すにはまずはカスタマーレビューである。Rachel S. のコメントに what I like most about this service is its excellent customer service. Whenever I have questions or special requests, they are always very helpful. とあり，カスタマーサービスがいかに親切かがしっかり強調されている。従って正解は③。「高校生」に当てはまりそうな記述がなかったことは「読んだ記憶」からわかっただろう。

第2問 B（新課程　第B問対応）

▶ 問題 別冊 P.80

解答

問1	11	①	（各3点）
問2	12	①	
問3	13	④	
問4	14	①	

英文の訳

英語の授業で，あなたは関心のある社会問題についてエッセイを書いています。これはあなたの最新の原稿です。現在，先生からのコメントをもとに修正に取り組んでいます。

食品廃棄を減らす知恵	コメント
人は誰でも食べなければならない。食べ物は人を結びつけ，栄養を与え，文化を反映する。しかし，廃棄される食品は環境に害を与え，処理に費用がかかる。日本では2020年に約520万トンの食品が廃棄され，その約半分を家庭からの廃棄物が占める。そのため政府は，2030年までに食品廃棄物を50％削減することに取り組んでいる。このエッセイでは，人々が家庭でできる食品廃棄を減らす3つの方法について述べる。	
第1に，買い物をする前に食事の計画を立てること。こうすることで，お金をかけずに必要な量だけを購入することができる。⁽¹⁾そのため，すぐに腐ってしまう食品をリストアップし，捨てなければならなくなる前に使う。	(1) ここに何かが足りない。2つの文の間にさらに情報を追加してつなげよう。
第2に，食べる分だけ調理する。必要な食品だけを調理することで，無駄を減らし，お金や食品の生産や輸送に使われる資源を節約することができる。⁽²⁾残った食品は適切に保存し，腐る前に消費すべきである。	(2) ここに接続表現を入れる。
最後に，⁽³⁾余分な食品について考えてみよう。賞味期限が近い未調理の食品も寄付することができる。余分な食品を共有することで，廃棄を防ぎ，地域のプログラムに食品を寄付することで，必要としている人々を支援することができる。	(3) このトピックセンテンスはこの段落に合っていない。書き直すこと。

結論として，食品廃棄を減らすことは，家庭から始まる責任の共有だ。食事の計画を立てること，(4)よりよく食品を料理すること，そして余分な食品を共有することが，食品の節約を手助けするために重要である。このようにして，私たちは環境を保護しながら資源を節約するために食品廃棄を減らすという目標を支援することができる。

(4) 下線部の表現はエッセイの内容を十分に要約していない。変更すること。

全体についてのコメント：
あなたの文章は上達し続けています。これはすばらしい初稿エッセイです。（食品廃棄を減らす手助けをするために，あなたは家で何をしていますか？）

語 句

wisdom	名 知恵	**第3段落**	
waste	名 廃棄(物)，無駄	transport	動 ～を輸送する
第1段落		leftover	形 残りの
nutrition	名 栄養	properly	副 適切に
reflect	動 ～を反映する	store	動 ～を保存する
harm	動 ～に害を及ぼす	consume	動 ～を消費する
dispose of ～	熟 ～を処理する	**第4段落**	
第2段落		best-before-date	熟 賞味期限
amount	名 量	donate	動 ～を寄付する
purchase	動 ～を購入する	**第5段落**	
		responsibility	名 責任
		excess	形 余分な

解 説

問1　★★★☆☆

訳 コメント (1) を踏まえて，付け加える文として最も適切なものはどれか。　| 11 |

① また，食べ物がいつ悪くなるかを知っておくことも大切だ。
② 実際，缶詰や冷凍食品を買うほうが常によい。
③ 一般的に，食料品の買い物はとても高くつくことがある。
④ 従って，ある日突然賞味期限が切れるような食品は買わないことだ。

解説

段落のトピックは「買い物をする前に計画を立てる」こと。(1) の直前直後の論理関係は原因結果。2 つの条件に最適な選択肢を考える。

Keys for Search

①「いつ悪くなるか」，②「缶詰・冷凍食品」，③「高い」，④「賞味期限」。

第2段落。

(1) 直後の文に注目。文の内容から ② は不正解。③, ④ も原因結果の関係が成り立たない。正解は①。

問2　★★☆☆☆

訳　コメント (2) を踏まえて，付け加える表現として最も適切なものはどれか。　12

① 加えて
② 私の考えでは
③ そうではなく
④ すなわち

解説

直前直後の論理関係を考える。

Keys for Search

①「並列」，②「意見表明」，③「逆接」，④「言い換え」。

Areas for Search

第3段落。

(2) の直前の文では「必要な食品だけを調理」，直後の文では「残った食品は保存」と，異なる2つの内容が並べられている。関係は「並列」。① が正解。

問3　★★☆☆☆

訳　コメント (3) を踏まえて，トピックセンテンスを書き換えるのに最も適切な方法はどれか。　13

① 余分な食料は冷凍する
② 地域の食料プログラムを探す
③ 洗浄した食品容器をリサイクルする
④ 余分な食品を共有するか寄付する

解説

「トピックの具体的な展開内容」を確認→「ひと言でまとめる」。

Keys for Search

①「冷凍」，②「地域のプログラム」，③「容器のリサイクル」，④「共有・寄付」。

Areas for Search

第4段落。

第2文以降に② と④ のキーが現れる。「地域のプログラム」は「共有」の1つの方法として示されている関係を読み取って，正解は④。

訳　コメント (4) を踏まえて，代わりの表現として最も適切なものはどれか。　14

　① **必要な量だけ食品を調理すること**
　② 調理しなかったものは何でも寄付すること
　③ 共有できる食べ残しが出ると予想すること
　④ すべての食品の賞味期限を把握すること

解説

「これまでのどの段落の内容」が「最終段落のどの内容」に一致するかをチェック。

Keys for Search

①「必要量」，②「寄付」，③「共有」，④「賞味期限」。

Areas for Search

全段落。

直前の Planning meals は第2段落，直後の sharing excess food は第4段落の内容に一致。間に入るのは第3段落のトピック cook only the amount that will be eaten に当たる内容。正解は①。

第**3**問

→ 問題 別冊 P.84

解　答

問 1	15	②	(3点)* * 全部正解の場合のみ
	16	④	
	17	①	
	18	③	
問 2	19	③	(2点)
問 3	20	①	(3点)

英文の訳

あなたはある海外留学情報誌で以下の話を見つけました。

イングリッシュパブ

ジェイン・サマーズ（英語教師）

　パブやレストランで友人と食事をするのは楽しい経験であるべきです。しかしながら，時には外国での外食を少々難しいものにしてしまう文化的な相違点もあります。

　昨年の夏，私たちの語学学校に勉強しにやって来た日本人大学生のエミコは，彼女があるイングリッシュパブで経験したおもしろい出来事を話してくれました。ある日の午後，エミコと韓国人のクラスメイトたちは昼食をとりに伝統的なイングリッシュパブに出かけることにしました。それまでイングリッシュパブに行ったことがなかったので，彼女たちは間違った振舞いをしてしまわないかと心配でした。パブに入ると，ウエイターがテーブルに案内してくれるのをドアのところで待っていましたが，ウエイターは来てくれません。エミコはなんてサービスが行き届いていないんだろうと腹立たしくなりました。彼女たちは席に着くことにしました。メニューを見てウエイターが注文を取りに来るのを待ちました。でも，誰も彼女たちの席に来てはくれません。エミコもクラスメイトたちも大変イライラしました。エミコは友人たちに，「日本では注文したいときには『すみません』と言うの」と言うと，「イクスキューズ・ミー！」と大声で叫んでみました。するとパブにいた人たち全員がおしゃべりをやめて，エミコのほうを見たのです。彼女の顔は突然赤くなり，パブを急いで飛び出したくなりました。

　ちょうどそのとき，1人の店員が彼女たちの席にやって来ました。彼は，イングリッシュパブでは客はバーカウンターで注文しなければならず，ウエイターサービス

127

はなく，食べた後ではなく，注文するときにお金を払わなければならないのだと説明してくれました。エミコと友人たちは彼に謝って，自分たちの食べ物を注文したのでした。

　私は，エミコの話を聞いたとき笑ってしまいましたが，彼女はそれから，おかげで英語を話すときだけでなく，パブやレストランで注文するときにも自信がついてきたと言ったんです。彼女の話を聞いて私は，外国ではその国の文化を理解することが言葉を理解するのと同じように大切なのだと気づいたのでした。

語　句

第2段落
poor　形 質の悪い
irritate　動 ～をいらいらさせる

rush out of ～　熟 ～を急に飛び出す
第4段落
confident　形 自信に満ちた

解　説

問1　★★☆☆☆

訳　次の出来事（①〜④）を起きた順に並べ替えなさい。

| 15 | → | 16 | → | 17 | → | 18 |

① スタッフの1人がパブのルールを説明した。　　　　　　　　| 17 |
② エミコと友人たちはパブの入口で待っていた。　　　　　　　| 15 |
③ エミコたちが食べ物を注文した。　　　　　　　　　　　　　| 18 |
④ エミコが叫んだとき，パブの客たちがエミコのほうをじっと見た。| 16 |

解説

Keys for Search

① スタッフの1人がパブのルールを説明した。
② エミコと友人たちはパブの入口で待っていた。
③ エミコたちが食べ物を注文した。
④ エミコが叫んだとき，パブの客たちがエミコのほうをじっと見た。

Areas for Search

「最初から順に」キーを追う。

第2段落第4文に waited by the door とあるので，②からのスタート。続いて同段落第10，11文の she tried shouting → All the people ... looked at Emiko の流れを捕まえて④。第3段落第1文で a member of staff が現れ，続く第2文の He explained から①となり，ここまでに「注文」がされていないことを確認，正解順序は②→④→①→③が固定される。③が現れるのは第3段落最終文。

問2　★★☆☆☆

訳　伝統的なイングリッシュパブで「すみません！」と叫ぶのは，　19　ので効果的でない。

  ① ウエイターがいつでも席まで来てくれる
  ② 客は食べ終えてからお金を払わなければならない
  ③ イングリッシュパブにはウエイターがいない
  ④ 他の客がみなおしゃべりをやめてしまう

解説

Keys for Search

「**Excuse me**」。

Areas for Search

パブのシーンは第2段落だけではないことに注意する。

Excuse me をそのままサーチできるので容易かと思われる設問。第2段落第10文中の so she tried shouting "Excuse me!" in a loud voice は確かにあっさりヒットするものの，「なぜ効果的でないか」は周囲に述べられていない。ここで無理に頭を絞って解答しようとしないこと。「エミコのパブ体験」が書かれているのは第2段落だけではない。続く第3段落でも同じシーンが続く。落ち着いて第3段落に進んで行けば，第2，3文に in an English pub, the customers have to order at the bar counter. There is no waiter service. とあることに気づくことができる。正解は③。サーチエリアを思い込みで限定してしまわないことが重要である。

問3　★★☆☆☆

訳　この話から，エミコは　20　ことがわかる。

  ① 文化の理解と自分の英語力に自信を持つことができた
  ② 外国で新しい友だちをたくさん作った
  ③ クラスメイトに日本のレストランでの支払いの仕方を教えた
  ④ 1人でパブに出かけ，食事を楽しんだ

解説

Sketch

段落スケッチから「結論」を引き出す設問。

  第1段落「文化の違いで外食が楽しめないこともある」
  第2段落「パブでの注文の仕方がわからず恥ずかしい思いをした」
  第3段落「いると思ったウエイターはパブにはいないことがわかった」
  最終段落「文化の理解は言葉の理解と同様に重要だ」

パブ体験はあくまで1つの例。この話の結論は「異文化の理解の大切さ」である。この設問で問われているのはこの結論であり，従って正解は①になる。

第**4**問（新課程　第Ａ問対応）

▶▶ 問題 別冊　P.86

解　答

問1	21	②	（各3点）		
問2	22	③			
問3	23 ― 24	①，④	25	①	
問4	26	②			
問5	27	①	*23-24は両方正解の場合のみ		

英文の訳

あなたは，量子人工知能（QAI）を利用することを奨励すべきかどうかについてのエッセイに取り組んでいます。以下の手順に従います。

　　ステップ1：QAIの利用に関するさまざまな見解を読み，理解する。
　　ステップ2：さまざまな人々によるQAIの利用について立場を決める。
　　ステップ3：追加資料を用いてエッセイのアウトラインを作成する。

[ステップ1] さまざまな資料を読む

著者A（教育技術研究者）

人工知能（AI）はすでに教育に変革をもたらしつつあるが，極めて高度なコンピューター・システムに基づくAIである量子人工知能（QAI）は教育をさらに変革するだろう。これらのシステムは，非常に大量の情報を，高速かつ高精度に生成する。グローバル経済で競争するためには，日本の若者はまずこうした大量の情報を理解し，それから使いこなさなければならない。さらに，日本の経済社会に適したQAIの構築方法を学ぶ必要がある。教師がすでにQAIを使いこなし，それをうまく教えることができなければ，このようなことはできない。この技術を止めることも遅らせることもできないため，我々の未来はこれにかかっている。

著者B（非営利教育機関理事）

AIは生徒がよりよく学べるように助けるはずだった。しかし，多くの生徒がこれらのシステムを悪用している。宿題や小論文，さらにはテストをAIにやらせているのだ。「AIが全部やってくれる」から，もう勉強する必要はないと考える生徒もいる。QAIは，生徒がいつ，どのように使っているのかを教師が簡単に把握できないため，これらの問題をすべて悪化させる。さらに，数日後，数週間後，数か月後，AIを使って

「カンニング」をした生徒は，罪悪感を持つことが多い。これは，自分が悪いことをしているとわかっているからである。

著者C（教育省職員）

QAIには大きな可能性があるが，慎重に扱わなければならない。適切な訓練を受けた後，教師は特定のクラスや学年レベルに特定のタイプのシステムを導入することができる。最近，AIを使って学校の勉強をする生徒がいるが，それはシステムの正しい使い方を教わっていないからだ。生徒たちはAIやQAIを研究に使うことはできても，作文に使うことはできないことを学ばなければならない。また，教師はAIやQAIが時には間違うこともあることを生徒に説明しなければならない。私たちはQAIを広く使えるようになる前に，QAIについてもっと多くを学び，それについて教師たちを訓練し，生徒たちに使い方を指導しなければならない。

著者D（セラピスト）

多くの心理学者は，テクノロジーが人々に悪影響を及ぼしていると懸念している。しかし，新しい研究によれば，AIは実際に人々が孤独でなくなるのを助けている。非常に内気な人は，社会的スキルを向上させるためにAIを使って「訓練」することができる。そのようなAIの訓練の後，彼らは友人やパートナーを見つけることができるかもしれず，QAIの助けによってこれはさらに容易になるだろう。日本には，ほとんど外に出ない「ひきこもり」と呼ばれる若者がいる。QAIは，ひきこもりが必要とする社会的スキルを身につける手助けをすることができる。私はここにAIとQAIの価値を見出す。

著者E（大学入試担当者）

多くの大学受験生がAIに頼っているのを見てがっかりしている。このシステムは，科学プロジェクト，出願用小論文，学校の課題サンプルを作成することができる。大学受験生の中には，AIが作成した作品を自分の作品として発表し，自分たちを単に「賢い」と思っている者もいる。しかし，実際には不正をしているのだ。その後，彼らの多くは，AIをこのように使ってしまったことで，悲しくなったり役に立たないと感じたりする。内心では，自分たちは学ぶべきであり，まねをしたり教師をだまそうとしたりすべきではないとわかっているのだ。また，教師，校長，入試委員会にAIの悪用を見破られることも恐れている。QAIがこの状況をさらに悪化させることは間違いない。

語 句

Quantum Artificial Intelligence (QAI) 熟 量子人工知能	accuracy	名 正確さ，精度
	depend on ～	熟 ～によって決まる

misuse	動 ～を悪用する	value	名 価値
cheat	動 カンニング[不正行為]をする	disappointed	形 がっかりした
potential	名 可能性	applicant	名 志願者
specific	形 特定の	rely on ～	熟 ～に頼る
instruct	動 ～を指導する	candidate	名〈主に英〉受験者
affect	動 ～に影響を及ぼす	dishonest	形 不正な

解 説

問1 ★★★☆☆

訳 著者Bと著者Eはともに 21 ことに言及している。

① AIシステムは若者と大人の両方にうつ病を引き起こしている

② **AIツールは時として使い方を誤るとユーザーを嫌な気分にさせることがある**

③ 学生がAIシステムの勉強を好むため宿題が無視されている

④ 学生はAIやQAIのスキルを慎重かつ効果的に使っている

解説

Keys for Search

①「うつ病」，②「嫌な気分」，③「宿題＋無視」，④「慎重＋効果的」。

Areas for Search

著者Bと著者E。

著者Bをサーチ。引っかかるキーは第2文に homework，第5文に guilty。このうち homework については they use AI to do their homework とあることから，「AIシステムの勉強を好む」という③の内容とは一致せず②が有力に。そこで guilty を優先して著者Eをサーチすると feel sad or useless とある。両者とも「使い方を誤ると」の内容が直前に示されていることを確認して，正解は②。

問2 ★★☆☆☆

訳 著者Aは 22 ことを示唆している。

① 教師も学生も教室や企業でQAIの利用を促進する必要がある

② 新しいQAIシステムを制御するために，現在の政府の政策はすぐに更新されなければならない

③ **現代の教育者は授業空間で先端技術をどのように使うかを計画しなければならない**

④ 保護者は多くの学校の児童に影響を与える複雑なコンピューター・システムについてもっと学ばなければならない

解説

Keys for Search

①「教師＋学生」，②「政府」，③「教育者」，④「保護者」。つまり「登場人物」を検索。

Areas for Search

著者A。

第1，2文は特定の「登場人物」なし。第3文に「若者」＝「学生」と考えられるから①に反応するが，「教師」が出てこないので却下。第4文も they だから同じ。こうして行き着くのが第5文の「教師」。③の内容と照らし合わせて作業終了。正解は③。

[ステップ2] 立場を決める

問3　さまざまな意見が理解できたところで，あなたは「QAI の利用を奨励すべき」立場をとり，以下のように書き出しました。 23 ， 24 ， 25 を完成させるために最も適切な選択肢を選びなさい。

あなたの立場：量子人工知能の利用は奨励すべきである。
・著者 23 と 24 はあなたの立場を支持している。
・2人の著者の主な主張： 25 。

23 と 24 の選択肢（順序は関係ない。）
① A
② B
③ C
④ D
⑤ E

25 の選択肢
① 高度なコンピューター・システムは，一部の若者の技術的または社会的スキルの習得に役立つことがある
② コンピューターが社会的あるいは経済的に及ぼす影響は，我々が最初に想像するよりも小さいことが多い
③ QAI は，世界中の経済学者と精神科医の両方から強く支持されている
④ 学生は，特定の技術やライフスタイルの目的に合ったコンピューター・システムを選ぶべきである

解　説

23 24 　★★★☆☆

Keys for Search

あなたの立場＝ QAI に「賛成」（＝プラスイメージ）。

Image Approach

著者 A～E の各主張の中から QAI についての「イメージ」を確認する。プラスイメージの主張は著者 A と著者 D。マイナスイメージは著者 B と著者 E。著者 C は「プラスだがその前に課題あり」ぐらい。正解は①と④。

Keys for Search

① 「若者＋スキル」，② 「影響」，③ 「経済学者・精神科医」，④ 「学生＋システム選択」。
このうち ② は選択肢がマイナスイメージなのでサーチ対象から外して問題なし。

Areas for Search

著者 A と著者 D。

正解は ①。著者 D は第 3 文 Those who are very shy ... から一致することは明らか。
著者 A は第 1～3 文の内容が ① に該当している。③，④ の内容はどちらの主張にも述
べられていない。正解選択肢に今ひとつ確信が持てなければ他の選択肢をつぶしていく
消去法が有効。この設問も ③ と ④ を消すほうほうが早いかもしれない。

英文の訳

［ステップ 3］資料 A と資料 B を使ってアウトラインを作成する
エッセイのアウトライン：

量子人工知能の利用は奨励されるべきである

はじめに

　QAIは社会的，経済的，技術的進歩の次のステップである。

本文

　理由 I：［ステップ 2 より］
　理由 2：［資料 A に基づく］ …… 26
　理由 3：［資料 B に基づく］ …… 27

結論

　学生はQAIを学び，使うべきである。

資料 A

非常に高度なコンピューター言語と非常に高速な処理を利用することで，QAIは，新
しいタイプの医療，航空機，さらには映画や音楽など驚くべきものを創造することが
できるようになる。また，非常に強力でパーソナライズされた学習ツールにもなる。
例えば，QAIはクラスの生徒一人ひとりにカスタマイズされた授業を設計し，生徒の
習熟度に合わせて内容を調整することができるようになる。また，QAIは生徒の顔を
読み取り，彼らがいつ喜んでいるか，悲しんでいるか，イライラしているか，疲れて
いるかを知ることもできる。もし生徒が問題を抱えていれば，システムは生徒に休息
を与えたり，人間の教師に状況を報告して，さらなる支援を求めることができる。こ
のシステムは，人間の教師にはほとんど不可能な方法で大人数のクラスを管理するの
に役立つ。とはいえ，この新しいテクノロジーには多くの懸念がある。多くの専門家
は，ソーシャルメディア企業がQAIを利用して子供たちや10代の若者を引きつけ，

彼らの学業や適切で成熟した判断をする能力を妨げるだろうと予測している。あらゆる種類のAIが，10代の若者たちに危険な選択をさせる可能性があることが，研究によって示されている。

資料B

2023年にQAIの調査が行われた。それにより，世界のさまざまな地域の企業が異なる割合でQAIを採用していることがわかった。調査結果は統計的に重要な違いを示した。

調査：QAIの導入ペース

北米　62%
アジア太平洋地域　52%
世界　49%
ヨーロッパ　34%

0　　　　　50　　　　　100 (%)

語 句

personalized	形 個別の	interrupt	動 ～を妨げる
customized	形 特別あつらえの	decision	名 判断
frustrated	形 イライラした	firm	名 企業
nevertheless	副 とは言っても	statistical	形 統計(上)の
attract	動 ～を引きつける		

解 説

問4 ★★★☆☆

訳 資料Aに基づき，理由2として最も適切なものはどれか。 26

① QAIに関する以前の懸念のほとんどは，現在では教育の専門家によって解決されている。

② **QAIは，学習環境において生徒一人ひとりに合わせた柔軟なコンテンツを設計し，適応させることができる。**

③ QAI は，以前の AI バージョンよりもはるかに使いやすく，安価で，シンプルに作られている。

④ QAI は基本的な AI とうまく連動し，人間の教師にとって最もわかりやすい授業計画を生成する。

[解説]

Keys for Search

①「以前の懸念＋解決」，②「一人ひとり」，③「使いやすい・安価・シンプル」，④「人間の教師」。

Areas for Search

資料 A。

冒頭の第 2 文に personalized learning tool, 続く第 3 文に able to design customized lessons for each student と連続してキーの内容が現れるので，正解の判断は容易。②が正解。

問5　★★★★★

[訳] 理由 3 について，あなたは「QAI は私たちに非常に複雑な未来をもたらすだろう」と書くことにした。資料 B に基づき，この記述を最も支持する意見はどれか。 [27]

① 北米企業の約 3 分の 2 が急速に QAI を導入している一方，アジア太平洋地域および世界では企業の約半数が導入している。ヨーロッパ企業は約 3 分の 1 がゆるやかな速度で QAI を導入している。

② アジア太平洋地域の企業の半数は QAI を迅速に導入しているが，これはヨーロッパや世界の導入率に大きく遅れをとっている。全地域で，約 4 分の 3 の企業が迅速に QAI を導入している北米に遅れをとっている。

③ ヨーロッパと北米の企業の 3 分の 1 強がゆるやかに QAI を導入している。アジア太平洋地域の企業も同様の QAI 導入ペースを示している。しかし，世界企業では QAI の導入が 4 分の 1 以下とそのペースは遅い。

④ アジア太平洋地域は，QAI の迅速な導入率ではヨーロッパに近く，半数以上の企業が迅速に QAI を導入している。アジア太平洋地域の企業が北米や世界の企業を追い抜く日も近いかもしれない。

[解説]

Keys for Search

各選択肢の「地域＋導入率」。

Areas for Search

選択肢を軸にグラフと照らし合わせる。

① North America ＝ 60％強＝「約 3 分の 2」，Asia-Pacific/World ＝ 50％±α＝「約半数」，Europe ＝ 30％強＝「約 3 分の 1」で①が正解。

第**5**問

▶▶ 問題 別冊 P.92

解 答

問 1	28	①	(3点)					
問 2	29	②	(3点)					
問 3	30	⑤	31	②	32	③	33	①
								(3点)*
問 4	34	①	(3点)					
問 5	35 — 36	②, ④	(3点)*					

*全部正解の場合のみ

英文の訳

英語の先生が感動的な話を探し，それをメモを使いながらディスカッショングループに発表するようクラスのみんなに伝えました。あなたはイギリスの高校生によって書かれた話を見つけました。

自分の持っているものを愛している

リサ・クレイボーン

　こんなにうまくいかない1年は初めてだった。オックスフォードかケンブリッジに行きたいと思っていたのに，サフォーク近郊のランクの低いカレッジに通っていた。夏はポルトガルで過ごしたかったのに，販売のアルバイトに明け暮れていた。週末は友人たちとパーティーに行くつもりだったのに，友人たちと仕事の話をするのが精一杯だった。この1年間はすべて失敗だった！

　キャリア・カウンセラーのクラーク先生は，私には多くの可能性があると言っていた。私は科学，数学，コンピューターが得意だったが，それほど秀でているわけではなかった。イギリスの一流大学に進学するという夢を叶えたいのなら，もっと勉強しなければならないと言われた。彼は，私が「自分の望むものを手に入れるために必要なだけの努力をしていない」ことを心配していた。今となっては，彼が正しかったことを認めざるを得ない。

　私はずっと，目標を達成するために十分努力していると思っていた。成績はほとんどよかったし，先生の推薦もほとんど問題なかったし，宿題もほとんどやっていた。だけどクラーク先生は，一流大学に入るためには世界でもトップクラスの学生たちと競争することになると言っていた。だから，「よい」だけではダメなのだ。「優秀」でなければならない。イギリスの一流大学は私の出願を却下したのだから，先生は正しかったのだ。私は本当に申し訳なく思った。

　数学のデイビス先生は，努力を続けるように言ってくれた。オックスフォード大学

もケンブリッジ大学も，再申請の学生を受け入れることが多いことを教えてくれた。しかし彼女は，次の1年間は地元のカレッジに通い，難易度の高いコースを受講し，実務経験を積み，学業と仕事の成績を向上させるために可能な限りのことをすべきだとも言った。もし私が本気で一流大学に行くつもりなら，ポルトガルを旅行するという考えはあきらめ，その代わりにサフォークに残って勉強しなければならない。

　私はデイビス先生のアドバイスに従って夏休みは猛勉強した。また，初めての職業体験をするために洋服店でアルバイトをした。親友のジーナ，マービン，ベッキーも，私が孤独を感じないように地元で夏休みの仕事に就くことにした。ジーナはレストランで，マービンはカフェで，ベッキーは家庭教師として働いた。私たちは時々集まって仕事の話を共有し，みんなが何かを学んだ。

　最も重要なのは，思いがけない感情，つまり感謝の気持ちが湧いてきたことだ。残ってまで付き合ってくれる親しい友だちがいることがうれしかった。他にも，自分の健康や友人や家族の健康など感謝することが増えた。ある時，洋服店のオーナーが大病を患った。彼女は回復したのだが，私は自分の人生に関わるすべての人が健康で人生を楽しむことができていることに感謝した。

　一流大学を不合格になったことで，私は成長し，厳しい現実と向き合うことができた。例えば，私はそれまでできる限りの力を尽くして仕事をしたことも勉強したこともなかった。店のお客さんや同僚との会話も私を大いに助けてくれた。販売主任のソフィアは，ポーランドの田舎町からイギリスにやって来た。イギリスに来た当初は英語もほとんど話せず，お金もほとんど持っていなかった。わずか18か月で，彼女はショップで一番の販売員になるほど英語が話せるようになったのだ。

　今になって，自分にはやる気がなかったのだと気づいた。ソフィアのような人たちに比べて，私はとても怠惰な人生を送っていたことに気づいていなかった。また，健康や友人といった人生の贈り物に対する感謝の気持ちも欠けていた。自分が長い間手にしてきた快適さや利点をすべて認識していれば，もっとうまくいっただろうと今は理解している。

　私はまだ一流大学に入学することを望んでいるが，たとえ落ちたとしても，すべてに感謝するつもりだ。私は今ある人生を愛している。

あなたのメモ：

自分の持っているものを愛している

筆者（リサ・クレイボーン）について
・成績はほぼよかった。
・ | 28 | ので一流大学を受験。

他の重要人物

・クラーク先生：アドバイスをくれたキャリア・カウンセラー。
・デイビス先生： 29 数学の先生。
・ジーナ，マービン，ベッキー：リサの親友。

リサが感謝を感じる人間になるまでに影響を与えた出来事
高校を卒業したこと → 30 → 31 → 32 → 33

ソフィアとの会話でリサが気づいたこと
彼女は 34 。

この話から学べること
・ 35
・ 36

語　句

第1段落
go wrong　　　　　熟 うまくいかない
failure　　　　　　名 失敗
第2段落
career counsellor
　　　熟 キャリア・カウンセラー(職業相談員)
potential　　　　　名 可能性
admit　　　　　　動 ～を認める
第3段落
achieve　　　　　動 ～を達成する
recommendation　名 推薦
reject　　動 ～を却下する，～を拒絶する
application　　　　名 出願，申請
第4段落
remind　　　　　動 ～に気づかせる
reapply　　　　　動 再申請する

第5段落
take a part-time position
　　　　　　　　　熟 アルバイトをする
lonely　　　　　　形 孤独な
第6段落
unexpected　　　　形 思いがけない
gratitude　　　　　名 感謝(の念)
thankful　　　　　形 感謝して
第7段落
rural　　　　　　　形 田舎の
barely　　　　　　副 ほとんど～ない
第8段落
lack　　　　　　　動 ～を欠く
motivation　　　　名 やる気
recognise　　　　　動 ～を認識する
advantage　　　　　名 利点

解　説

問1　★★★☆☆

訳　 28 に当てはまる最も適切な選択肢を選びなさい。
① 学校での成績は十分だと信じていた
② 別の奨学金がもらえることを期待していた
③ ほとんどの出願が受理されることを知っていた

④ 失敗してもあまり気にならないと思った

解説

Keys for Search

物語にある「一流大学を受験した理由」。

Areas for Search

「受験」シーン周辺から「理由」を検索。

「受験理由」が述べられていると判断できるのは第2段落。最終文に I have to admit that he was correct とあり，correct だった内容は直前の I wasn't "working as hard as I should ... の部分にある。さらに第3段落第1文に自分が「十分努力していると思っていた」ことがはっきり描写されているので，正解は①。

問2 ★★☆☆☆

訳 29 に当てはまる最も適切な選択肢を選びなさい。

① 同僚に意見を求めた

② リサにもうひと頑張りするよう勧めた

③ 学校で最高の教師の1人としての地位を確立した

④ コネを使ってリサを入学させた

解説

Keys for Search

物語から「デイビス先生」。

Areas for Search

Ms Davies の登場シーンは第4段落。第1文の My maths teacher, Ms Davies, told me to keep trying. から正解は②。

問3 ★★★☆☆

訳 5つの選択肢から4つを選び，起こった順に並べ替えなさい。

30 → 31 → 32 → 33

① 自分の人生の状況に感謝するようになった   33

② 先生と改善計画について話し合った   31

③ 旅行の計画を断念して勉強に励むようになった   32

④ 上司から経営について学んだ

⑤ イギリスの一流大学に初めて出願した   30

解説

Keys for Search

①「感謝」，②「改善計画」，③「旅行計画＋断念」，④「上司＋経営」，⑤「一流大学＋出願」。

Areas for Search

第1段落 I had hoped to go to Oxford or Cambridge but ... ＝⑤

第2段落，第3段落 該当なし

140

第 4 段落　My maths teacher, Ms Davies, told me to keep trying. ...　＝②
第 5 段落　I took Ms Davies's advice and spent the summer studying hard.　＝③
第 6 段落　Most importantly, an unexpected feeling came to me: gratitude.　＝①
正解は 30 が⑤， 31 が②， 32 が③， 33 が①。

問 4 　★★★☆☆

訳 34 に当てはまる最も適切な選択肢を選びなさい。

① 他の人と比べてどれだけ生きやすいかを考えるべきだった
② 自分の洋服店を立ち上げる方法を見つけるべきだった
③ 家族みんなに自分の人生に感謝することを教えるべきだった
④ ポルトガルに行く代わりに，ポーランドのようなもっとお金がかからない国に旅行すべきだった

解説

Keys for Search

物語から「ソフィア」。

Areas for Search

第 7 段落，第 8 段落。

Sophia は第 7 段落第 3 文から登場。同段落では Sophia の人となりが説明されているだけで，Lisa が何を学んだかまでは触れられていない。第 8 段落第 2 文以降，特に第 4 文の I understand now that ... が根拠となって① が正解。

問 5 　★★★☆☆

訳 35 と 36 に当てはまる最も適切な選択肢を選びなさい。（順序は関係ない。）

① エリート校は我々が考えるほど重要ではない。
② 誰もが自分の性格について厳しい事実を受け入れる覚悟を持つべきだ。
③ 貴重な友人を見つけることはさまざまな理由から間違いなく難しい。
④ 人は失敗を自己成長のための学習機会として利用できる。
⑤ 成果を上げれば上げるほど，人は自信を持つようになる。

解説

Keys for Search

①「エリート校＋重要」，②「厳しい現実＋受け入れる」，③「貴重な友人＋難しい」，④「失敗＋学習機会」，⑤「成果＋自信」など。

Areas for Search

第 7 段落。

第 1〜6 段落の「一流大学不合格からの生活」経験を振り返ってまとめているのが第 7 段落以降。第 7 段落第 1 文前半の Getting rejected from top schools helped me to grow up が「失敗＋学習機会」に，後半の and face some hard truths: for instance, that I had never worked or studied as hard as I should have が「厳しい現実＋受け入れる」に相当する。2 つの正解は② と④。

第6問A

▶▶ 問題 別冊 P.96

解答

問1	37	②	（各3点）
問2	38	②	
問3	39 — 40	①，②	*39-40は両方正解の場合のみ（順不同）
問4	41	④	

英文の訳

あなたは日本の食生活がどのように変化したかについて，グループ発表の準備をしています。あなたは以下の記事を見つけました。あなたは発表のためにメモを準備する必要があります。

日本人の食生活の変化

　日本食はおいしいだけでなく，健康的であることで世界的に有名である。日本人は他の先進国の人々よりも長生きで，肥満になりにくい傾向にあるが，これは伝統的な日本食が健康によいからであろう。伝統的な日本食は穀物，野菜，大豆，魚を多く含むが，肉や乳製品は少ない。食生活の専門家であるアナ・サン・ガブリエルは，日本食は「塩分が高い傾向にある」と指摘する。しかし彼女は，果物，野菜，魚といった健康的な食材があるため，「塩分は特に問題ではない」と述べる。さらに，大豆や魚を多く含む食事は心臓病のリスクを下げることに関連している。平均的なアメリカ人男性が心臓発作を起こす確率は，日本人男性の3倍である。高血糖による病気も，日本ではアメリカよりはるかに少ない。

　日本食には健康上の利点がある。しかし，現代の日本では，伝統的な日本食を時間をかけて作って食べる人が減っている。2011年の厚生労働省の調査によると，肉の消費量は急速に増加しているが，野菜の消費量は減少している。2001年，日本の成人は毎日平均74gの肉を食べていた。対照的に，2011年の平均は80.7gだった。一方，野菜の消費量は同期間に295.8gから277.4gに減少した。

　現代の日本人の食生活におけるもう1つの大きな変化は，米食離れである。1962年，成人は年間平均118kgの米を食べていた。しかし，2016年には1人当たりわずか54kgになった。日本の若者は現在，ご飯よりもパンや麺類を，白米よりも味つけご飯を好む傾向にある。健康日本21が報告しているように，日本人の食生活は欧米化し，日本人は不健康になりつつあり，特に体重が増えすぎている。

　より西洋的な食事への移行は，第二次世界大戦後の経済成長期に始まった。国民

学校給食制度が始まり，学校では温かい料理とともに牛乳とパンが出されるようになった。このことが若い世代の嗜好を変えたと考える人は多い。農業の変化も，肉や乳製品をより入手しやすく，手頃な価格にした。大都市の発展や若者の地方離れも，国民の食生活に影響を与えている。日本の若者は，上の世代よりも外食が多く，よりコンビニエンスストアの食品に頼る傾向がある。家庭の外で働く女性が増えたことで，栄養とバランスのとれた家族の食事を準備することに費やす時間が減っている。年配の家族と同居する若者が減っているため，伝統的な食事の作り方の知識も失われつつある。

　西洋の食事は高カロリーで高脂肪である。そのため，日本人の平均身長は伸びたが，平均体重も増加した。現在，日本人の約25％がBMI 25以上であり，1962年以来300％も増加している。この数値が上昇し続ければ，日本も他の先進国と同様に，心臓病，糖尿病，メタボリックシンドロームの発症率が高くなり始めるだろう。

　日本政府はこの問題を認識し，肥満のレベルを下げるために多くの政策を発表した。日本の企業は健康診断を受ける従業員が少なければ罰せられる。また，企業は太りすぎの従業員に対する支援サービスを提供しなければならない。これらの政策は功を奏しているようだ。しかし，日本でメタボリックシンドロームを予防する最も効果的な方法は，すべての人が日本の伝統的な食生活に戻ることであるというのが，ほとんどの専門家の意見である。

あなたのメモ：

はじめに
◆アナ・サン・ガブリエルが言う「塩分は特に問題ではない」は　37　という意味である。

日本の厚生労働省の調査
◆2011年の調査によると　38　。
◆健康日本21の調査結果は　39　ことと　40　ことを示唆している。

結論
◆日本の伝統的な食品は常に健康的であると考えられてきた。これらの食品は，日本人をスリムで長寿に保ってきた。しかし現在，日本人は西洋の食品や飲料をより多く食べるようになっている。我々は　41　を考慮すべきである。

第 1 段落

obese	形	肥満した
diet	名	食事
grain	名	穀物
soy	名	大豆
be linked to ～	熟	～と関連している
heart disease	熟	心臓病
be X times as likely to *do*		
	熟	X倍～する可能性がある
heart attack	熟	心臓発作
blood sugar	熟	血糖

第 2 段落

take the time to *do*		
	熟	時間をかけて～する
ministry	名	省
welfare	名	福祉
consumption	名	消費（量）

第 3 段落

flavored	形	風味をつけた
westernized	形	西洋化した

第 4 段落

alongside	前	～と並んで
dairy product	熟	乳製品
rely on ～	熟	～に頼る
nutritious	形	栄養のある
balanced	形	バランスのとれた

第 5 段落

diabetes	名	糖尿病
metabolic syndrome		
	熟	メタボリックシンドローム

第 6 段落

announce	動	～を発表する
obesity	名	肥満

解 説

問 1　★★☆☆☆

訳　 37 　に当てはまる最も適切な選択肢を選びなさい。

① 食塩を使わない食品は実際に心臓病の可能性を減らす

② **食塩の濃度は他の代表的な日本の食品によってバランスがとれている**

③ 野菜や果物を多く含む食事には食塩が必要である

④ 日本の料理に使われる塩は西洋の塩とは違う

解 説

Keys for Search

メモの「塩分は特に問題ではない」。

Areas for Search

第 1 段落（キー周辺）。

"salt is no real problem" は第 1 段落第 5 文に現れる。直後の because of healthy ingredients 以下，さらに続く第 6 文の内容から② が正解になる。

問 2　★★☆☆☆

訳　 38 　に当てはまる最も適切な選択肢を選びなさい。

① あらゆる種類の健康的な選択肢が人気である

② 肉の消費量が大幅に増加している

③ 野菜を食べ始める人が増えている

④ 野菜製品が高価になった

解説

Keys for Search

メモの「2011 年の調査」

Areas for Search

第2段落（キー周辺）。

問1と全く同様の作業。第2段落第3文にキーが現れ，直後の consumption of meat has been rising rapidly を見つけておしまい。正解は②。

問3　★★★☆☆

訳　　39　と　40　に当てはまる最も適切な選択肢を選びなさい。（順序は関係ない。）

① 日本人の実際の体格は変化している

② 外国の影響は現代の日本人の食事選択に影響を与えている

③ 心臓病は伝統的な日本食の悪い結果である

④ 以前の調査では，日本人の健康上の重要な問題が見落とされていた

解説

Keys for Search

メモの「健康日本 21 の調査」。

Areas for Search

第3段落（キー周辺）。

問1，問2と同様の作業。Japan Health 21 のレポートが書かれた第3段落最終文から the Japanese diet is becoming more Westernized が②，直後の the Japanese are becoming unhealthier 以下が①と一致する。正解は①と②。

問4　★★★☆☆

訳　　41　に当てはまる最も適切な選択肢を選びなさい。

① 日本における米の消費量の減少によって増加する可能性のある病気

② 世界で最もおいしい食べ物としての日本食

③ 日本政府は日本人の食生活を変える責任があること

④ 現在の日本人の食事の傾向をもとに戻すことができる方法

解説

Keys for Search

メモの「結論」の内容から「日本人が食事について考慮すべきこと」。

Areas for Search

最終段落。

日本人の食事が西洋化したことの弊害が述べられているのは第5段落まで。従って「考

慮すべきこと」はこの文章の結論として最終段落に示されると考えることができる。最終文 the most effective way to prevent metabolic syndrome in Japan would be for everyone to return to a traditional Japanese way of eating がその具体的な内容。正解は④。

第6問B

解答

問1	42	②	（各3点）
問2	43 — 44	③，⑤	*43-44 は両方正解の場合のみ（順不同）
問3	45	④	
問4	46	④	
問5	47	④	

英文の訳

あなたは発表の準備をしています。オーストラリアのサメの問題についてスライドを作成するために，以下の文章を使います。

　オーストラリアは，人間を殺すクラゲ，ワニ，ヘビなど，世界で最も危険な動物が生息していることで有名だ。オーストラリアで人間が最も恐れる生き物の1つがサメである。ホホジロザメは体長4メートル，体重771キロにもなる。このサメは速く，静かで，2列に並んだかみそりのように鋭い歯で下から突然襲いかかる。長距離では嗅覚で獲物を追跡し，近距離では視覚や電磁気，一種の「ソナー」を使う。オーストラリアは毎年，サメによる襲撃件数が最も多い国の1つである。過去30年間で，人間を襲ったサメの記録は200件を超え，47人が死亡している。その襲撃のほとんどがニューサウスウェールズ（NSW）州で発生しているが，ホホジロザメによるものばかりではない。やや小型のオオメジロザメやイタチザメも原因となっている。カバやワニ，あるいは犬によって殺される人間のほうが毎年はるかに多いが，サメによる攻撃のほうがはるかに広く恐れられ，メディアでも取り上げられている。

　オーストラリアはどのようにしてサメ襲撃のリスクを減らしているのか。国中で最も利用されている方法は，シャークネットである。シャークネットは人間が泳ぐビーチの近くの海中に設置され，2メートル以上のサメを捕獲する。このネットがオーストラリアで初めて使用されたのは，1930年代にサメによる死亡事故が多発した後のことである。シャークネットが導入された直後から，人間を襲うサメの数は減少し，この減少は1960年代まで続いた。その後，サメによる襲撃の報告が急増したのは，サメの個体数の増加とウォータースポーツの人気の高まりによるものだと考えられている。

　ネットが導入されて以来，何千匹ものサメが殺されており，その結果，多くの自然保護団体が使用に反対している。なぜなら，大型のサメは「キーストーン種」であり，あらゆる生態系において他の動植物に非常に広範な影響を与える生物だからである。ニューサウスウェールズ州の経験は，この影響を明確に示している。1950年から2008年の間に，

147

ニューサウスウェールズ州だけで900頭以上のホホジロザメとイタチザメがネットによって殺されている。しかしイタチザメに関する研究によると、これらの捕食者はウミガメの数を制限することで、海底に生える草の保護に役立っているという。ウミガメは海草を餌としているため、その数が増えすぎると、他の海洋野生生物にとって重要な生息地である海草をすべて破壊してしまうのだ。同様の効果はサンゴ礁でも見られ、イタチザメはサンゴや海草にダメージを与える魚を食べることで、サンゴ礁の生態系のバランスを保つことに役立っている。さらに、サメによる狩猟がなければ、サンゴ礁に藻類が増えすぎて水が濁り、ついにはサンゴ礁が死滅してしまう。大型魚の攻撃、藻類、病気のはざまで、サンゴ礁やその一部は、最終的には単に硬くなった海底に変わってしまう。こうしたことはすべて、サメというキーストーン種がいなくなったことで発生した。サメはまた、年を取ったり病気になったりした仲間を食べることで、他の海洋動物の個体群を健康に保っている。これによって病気が抑制され、遺伝子プールが健全に保たれる。さらに、ネットはサメだけでなく他の大型海洋動物も殺してしまう。例えば、ニューサウスウェールズ州では1950年から2008年の間に、約15,000頭のイルカ、ウミガメ、その他の海洋生物がネットによって殺されている。

　人間がサメを恐れるのは理解できるが、サメがいなければ海洋生態系は崩壊してしまう。さらに、生態系への侵入を阻止することは、連鎖反応を引き起こし、他のすべての海洋生物に影響を及ぼしかねない。ニューサウスウェールズ州政府はようやくサメの個体数保全の重要性を認識し、サメの襲撃を防ぐための別の方法を試し始めている。近年では、ドローンを使ってビーチ付近のサメを観察したり、ソーシャルメディアを使って海水浴客に海から離れるよう警告したりしている。また科学者たちは、大型のサメをビーチから遠ざけるために音響技術を使用することを提案している。

　生態系から生物種を取り除くことは、時として予期せぬ悪影響をもたらすことがある。これは特にキーストーン種に当てはまる。結論として、人間はサメと平和に共存する方法を見つけなければならない。サメを殺し続ければ、サンゴ礁のような微妙なバランスの海洋生態系は永遠に失われる可能性がある。

発表のスライド：

<table>
<tr>
<td>

サメのジレンマ：
恐怖と保全のバランス

</td>
<td>

1. 基本情報：
サメ

・ホホジロザメは体長4メートルにもなる
・2列の歯を持つ
・ 42

</td>
</tr>
<tr>
<td>

2. サメによる襲撃を防止

・シャークネット
　✓大型のサメを捕獲
　✓サメによる攻撃を減少
　✓一部の人々が反対

</td>
<td>

3. キーストーン種の秘密

・ 43
・ 44

</td>
</tr>
<tr>
<td>

4. ドローンとソーシャルメディアを
使う理由

・ 45

</td>
<td>

5. 最後に

46

</td>
</tr>
</table>

語　句

第1段落

electromagnetism	名	電磁気

第2段落

underwater	副	水中に
trap	動	〜を捕獲する
fatal	形	致命的な
be thought to be 〜	熟	〜だと考えられている

第3段落

ecosystem	名	生態系
alone	副	単独で
grass	名	草
seabed	名	海底
feed on 〜	熟	〜を常食とする
habitat	名	生息地
marine	形	海洋の
coral reef	熟	サンゴ礁

gene pool
　　熟 遺伝子プール（ある集団に属する全個体
　　が持っている遺伝子の総体）

第4段落
collapse　　　　　　　動 崩壊する

chain reaction　　　熟 連鎖反応
drone　　　　　　　名 ドローン

第5段落
in conclusion　　　熟 結論として
delicately　　　　　副 微妙に

解 説

問1　★★★☆☆

訳 以下のうち 42 に含まれないものはどれか。

① 下から攻撃する
② 人間の獲物を好む
③ 長距離では匂いを嗅ぐ
④ 静かに泳ぐ
⑤ 動きを追跡する

解説

Keys for Search

③「長距離＋匂い」，⑤「追跡」などいくつかキーにしやすい語句はあるものの，キー検索を軸にするよりも Great white shark の生態について述べたエリアを文ごとに選択肢と照合させるほうが早いだろう。

Areas for Search

第1段落（Great White shark の生態解説部分）。
第3文以降にこのサメについての解説がある。
第4文　quiet, and strike suddenly from below　＝④，①
第5文　track prey through smell over long distances　＝⑤，③
従って正解は②。

問2　★★★★☆

訳 スライド「キーストーン種の秘密」で，サンゴ礁のサメを「キーストーン種」とする特徴を2つ選びなさい。（順序は関係ない。） 43 ・ 44

① サメを止めるために作られたネットは，小魚を殺してしまうことが多い。
② 大型のサメがいなくてもサンゴ礁はしばしば破壊される。
③ サメはサンゴ礁の生態系のバランスを保つのに役立っている。
④ サメは人間がサンゴ礁にダメージを与えるのを防いでいる。
⑤ ウミガメや魚の個体数はサメの存在によって制限されている。

解説

Keys for Search

①「小魚＋殺す」，②「破壊」，③「生態系＋バランス」，④「人間＋ダメージ」，⑤「ウミガメ」。

サメがサンゴ礁で「キーストーン種」であることについて述べられている第3段落。

第5文 these predators help protect the grass growing on the seabed by limiting the number of sea turtles ＝⑤

第7文 tiger sharks help keep the coral reef ecosystem in balance by eating fish ＝③, ⑤

従って、正解は③と⑤。①については同段落第13文で other large marine animals 「他の大型の海洋動物」とあり「小魚」ではないので不正解。②と④については本文中に触れられていない。

問3 ★★★☆☆

訳 「ドローンとソーシャルメディアを使う理由」のスライドについて、答えとして適切なものはどれか。 45

① 漁業活動の規制を強化し、絶滅危惧種を保護するため。
② 天候に関する最新情報をリアルタイムで提供することで、ビーチの安全性を高めるため。
③ 海洋生物学者や保護活動家同士の生物多様性に関するコミュニケーションを促進するため。
④ ビーチに行く人のサメに関連した危険を軽減するため。
⑤ 潜在的な脅威の存在を救護員に通知するため。
⑥ さまざまな言語で情報を迅速に拡散するため。

解説

Keys for Search
「ドローン」と「ソーシャルメディア」。

Areas for Search
第4段落。
2つのキーが現れるのはここしかない。あとは直前直後をていねいに確認し、選択肢と照合させるだけ。第3文で other methods to prevent shark attacks と紹介された方法の例として、ドローンの使用目的は to observe sharks near beaches、さらにソーシャルメディアについては to warn swimmers to leave the water と述べられている。この内容に一致する選択肢は④である。

問4 ★★★☆☆

訳 最後のスライドの主張として最も適当ものはどれか。 46

① サンゴは多くの海洋生態系の中心的存在である。サメが危険な捕食者を遠ざけることで、サンゴは時間をかけて徐々にサンゴ礁になる。
② サンゴ礁は憂慮すべき速さで損傷している。明確な解決策は、サメと人間の両方からサンゴ礁を守ることである。

③ サメの襲撃防止システムはかなり改善されてきている。しかし，サメと人間との衝突を終わらせるには，まだまだ改善が必要である。
④ サメによる人間への攻撃は止めなければならないが，その代償としてこれらの捕食者を必要とする生態系全体が失われてはならない。

解説

Keys for Search

「結論」。

Areas for Search

最終段落。

第2文，および続く最終文から④ が正解。

問5　★★★★☆

訳　ニューサウスウェールズ州について推測できることはどれか。　47

① ビーチサイドの開発があまりに速く行われているため，その地域のサンゴ礁が保全されていない。
② サメがよく出没する海域で泳ぐことの危険性を理解している海水浴客はほとんどいない。
③ 人間の安全のために，多くの海洋生物を無理やり主要なサンゴ礁から遠ざけている。
④ サンゴ礁と海水浴客の両方の生存を確保しようとしている。

解説

Keys for Search

選択肢の語句よりも「ニューサウスウェールズ州についての記述」を検索。

Areas for Search

全体。

New South Wales については本文全体を通じてさまざまなことが述べられている。1つ1つを落ち着いて選択肢に照らし合わせる。

第1段落　サメ被害の大半がニューサウスウェールズ州

第3段落　サメの駆除がもたらす生態系への悪影響
　　　　　他の大型海洋生物も殺してしまう副作用

第4段落　サメの個体数保全の重要性を認識
　　　　　襲撃を防ぐための別の方法を模索

選択肢の内容に一致するのは第4段落第3文の記述。The government in NSW has finally recognized the importance of preserving shark populations にある「サメの個体数保全」が「サンゴ礁の保全」を目的としたものであり，続く starting to experiment with other methods to prevent shark attacks が「海水浴客の安全確保」を意味していることを理解する。従って正解は④。